に

교사와 학부모 사이에서

발달장애 아이들을 키우는 교사의 통합 교육 이야기

1판1쇄 | 2025년 7월 21일

지은이 | 이수현

펴낸이 | 안중철, 정민용
편집 | 윤상훈, 이진실

펴낸곳 | 후마니타스(주)
등록 | 2002년 2월 19일 제2002-000481호
주소 | 서울특별시 마포구 신촌로14안길 17, 2층 (04057)
전화 | 편집_02.739.9929/9930 영업_02.722.9960 팩스_0505.333.9960

블로그 | blog.naver.com/humabook
엑스, 페이스북, 인스타그램 | @humanitasbook
이메일 | humanitasbooks@gmail.com

인쇄 | 천일문화사_031.955.8083 제본 | 일진제책사_031.908.1407

값 18,000원

ISBN 978-89-6437-489-4 03370

교사와 학부모 사이에서

발달장애 아이들을 키우는 교사의 통합 교육 이야기

후마니타스 이수현 지음

추천의 글

사이비 치료 연구를 할 때 이수현 선생님을 처음 만났다. 통찰이 남다르고 열정과 정의감이 뜨거운 분이었다. 연구가 끝나고도 친구이자 팬으로 남아 교육과 삶에 대해 배우고 있다. 그는 어떻게 세상을 바꾸고 있는가? 그의 깔깔대는 웃음도, 처절한 외침도 이 세상에서는 너무도 연약하고 부드러운 소리인데, 어떻게 그 약함이 이토록 강한 힘을 가질 수 있는가?

이수현 선생님은 자신의 솔직한 감정을 글로 표현하는 사람이다. 그의 글은 눈물과 웃음을 함께 준다. 웃기면서도 가슴 아프고, 슬프면서도 통쾌하다. '날것'의 감정을 표현한 그의 글을 읽으며 우리는 함께 웃고 울고 성찰한다. 자신을 솔직하게 내보이면 약점으로 작용하는 사회에서, 우리에게 솔직해도 괜찮다고 가르쳐 준다. 그의 솔직함은 장애를 보는 시선을 바꾸고, 사람들의 행동을 바꾸고, 사회의 마음을 바꾸는 대단한 힘이 있다. 약함이 강한 힘을 가질 수 있는 것은 바로 그의 솔직함에서 나온다. 그것이 그의 슈퍼 파워이다.

두 아이를 키우며 틈틈이 글을 쓰고 치열하게 자신의 삶을 살며 세상과 싸우는 그를 보면서 나도 그를 본받으려 노력한다. 그에게서 솔직해질 용기를 얻고, 세상과 싸울 힘을 얻는다. 아마 이 책을 읽는 이들도 더 정의로워지고, 더 따뜻해질 것이다. 이수현 선생님의 말들이, 단어들이, 생각들이 민들레 씨앗처럼 퍼져 온 사회가 빛으로 물들 것이다.

— **권정민**(서울교육대학교 교수)

『교사와 학부모 사이에서』는 아이들과의 치열한 하루하루 속에서 길어 올린 성찰이 가득합니다. 아이의 고유함을 깊이 들여다보는 관찰력, 아이의 속도를 이해하려 스스로 멈추고 돌아보는 연습, 잘못된 관행을 바꾸기 위해 교육 현장에서 부딪히는 실행력은 엄마이자 중학교 교사인 수현 선생님을 진정한 실천가로 만들었습니다. 그래서 이 책은 장애 아동 엄마의 분투기라기보다는 우리 사회가 더불어 산다는 것이 무엇인지 되묻는 값진 질문의 기록입니다.

장애인을 도움의 대상으로만 보지 않고, 함께 살아가는 사람으로 바라보는 사회. 저자의 '깍두기 규칙' 속 지혜에서 힌트를 얻을 수 있습니다. 두 아이와 채우는 매일의 여정을 통해 저자는 아이들의 성장기 그 너머 '모두'를 위한 교육을 보여 줍니다. 원래 모습 그대로 어우러져 살아가는 사회를 꿈꾸는 모든 이들에게 이 책이 널리 닿길 바랍니다.

— **김예원**(변호사, 장애인권법센터 대표)

차례

프롤로그 —————————————————— 10

 **나를 부모로 만든 아이들**

당연히 낳아야지요 ————————————— 14
내가 바랐던 아이 —————————————— 17
병원 쇼핑 ——————————————————— 20
사이비 치료 ————————————————— 28
엄마, 이거 봐 ———————————————— 40
꿈이 바꾼 삶 ————————————————— 47
노래 부르는 어린이 ————————————— 52
유아 수험생 ————————————————— 56
다섯 살의 연우에게 ————————————— 59
내가 그때로 돌아간다면 ——————————— 63
함께하는 손길 ———————————————— 66
진짜 기도 —————————————————— 71
채비 ————————————————————— 74
내가 꿈꾸는 아이의 미래 ——————————— 78

 **내 아이를 위한 학교**

보이지 않는 아이 —————————————— 86
사람이 우선이지 —————————————— 90

싸우는 엄마들	98
내 아이를 위한 학교	108
다시 돌아간 공교육	112
실수가 아니라 차별	119
바지를 내리면 학교에 다닐 수 없어	132
그 질문, 왜 하면 안 될까?	137
조급한 엄마가 되지 않기로	144
존중의 언어	148
정우가 장애인이에요?	152
깍두기 규칙이 보여 준 함께하는 교육	155

3장 엄마의 눈으로 본 세상

있는 그대로의 사랑	162
나도 배우고 싶어요	165
누구에게나 어린 시절을 향유할 권리가	170
장애로 퉁 쳐지는 사람	172
버스 하나 해 먹은 날	176
야만 사회	181
접시빵 주세요	187
뒤돌아봐 줘서 고마워	192
표현하지 못한 마음	195
딸의 사춘기	198
아름다운 역주행	201
사랑의 메아리	206
조심스럽게 다리를 놓는 중입니다	210

4장 함께하는 교실, 함께하는 성장

- 약점이 강점이 되기까지 —— 216
- 모두를 위한 수업 설계 —— 220
- 함께하는 교실, 함께하는 성장 —— 224
- 교실에서의 존엄 —— 234
- 특수학교에 가야 하는 거 아니야? —— 240
- 배려와 배제 사이 —— 243
- 교사에게 짐이 되는 통합 교육, 어떻게 해결할까? —— 247
- 배우지도 않고 평가받는 아이들 —— 258
- 부모는 다 아프다 —— 268
- 모든 행동에는 이유가 있다 —— 272
- 함께 놀는 아이들 —— 277
- 장애를 당당하게 말하는 아이 —— 282
- 그건 정말 당연한 걸까? —— 285
- 나쁜 소식 전하기 —— 289
- 선생님, 사실 힘들어요 —— 292
- 모두 다 꽃이야 —— 297
- 너의 내일을 응원해 —— 299
- 녹음기 이전에 해야 할 고민 —— 304
- 마이크를 잡은 엄마 —— 308

에필로그 —— 311

더 알아보기

항목	페이지
한국에서 발달장애 진단을 받으면	25
선배 부모가 알려 주는 사이비 치료 구분법	35
발달장애 진단 후 구축돼야 할 연속적·종합적 지원 체계	44
발달장애 진단 후 유아기 기관에서 받을 수 있는 돌봄과 교육 지원	95
통합 교육 현장에 지원 인력을 확충해야 하는 이유	104
'장애 학생'을 일반 학급에 배치하는 것만 통합 교육일까?	116
특수교육 대상자 신청 과정	126
특수교육 대상 학생의 실질적 수업 참여를 위한 '교수적 수정'	128
더 나은 통합 학급을 위한 제언	229
함께하는 교실을 위해 필요한 협력 교수제	254
발달장애 학생을 어떤 방법으로 평가할 수 있을까?	264

프롤로그

2022년, 제 첫 책이 세상에 나왔습니다. 그때부터 운이 좋게도 강연자로서 다양한 사람들을 만날 기회가 생겼습니다. 통합 교육을 실천하는 교사들, 장애가 있는 아이를 키우는 부모님들, 북 토크에서 만난 시민들, 그리고 장애 인식 개선 교육에서 만난 청소년들과 교사들까지 수많은 자리에서 제 이야기를 나눌 수 있었습니다.

아이들이 장애 진단을 받고 나서 스스로 세상과의 소통을 끊고 동굴 속에 머물던 시절이 있었습니다. 그랬던 제가 지난 3년간, 오히려 삶의 가장 깊은 부분을 꺼내어 타인과 나누는 일에 열정을 다해 왔습니다. 오로지 내 아이, 연우와 정우를 위해 세상을 바꾸고 싶다는 마음 하나로 시작한 일이었기에, 매 순간 용기를 낼 수 있었습니다.

처음엔 너무도 개인적인 이야기라 공적인 강연 자리에서 나누어도 될지 걱정이 많았습니다. 하지만 이내 가장 사적인 것이 곧 보편적인 것이라는 말을 실감했습니다. 그 이야기가 어느새 교실을 바꾸고, 학교를 움직이고, 누군가의 삶에 변화를 일으켰다는 말을 들을 때마다 가슴이 뛰고 눈물이 났습니다. 마치 나와 우리 아이들의 삶이 세상에서 의미를 찾은 것만 같았습니다. 그 모든 순간이 제게는 참 귀하고 감사했습니다.

　수많은 교사와 학부모를 만나면서 놀라는 일이 많았습니다. 십수 년간 장애가 있는 아이들을 키우며, 제게는 이제 너무도 당연하고 자연스러운 생각들이 누군가에게는 새롭고 때로는 충격처럼 다가온다는 것을 느꼈습니다. 처음에는 '어쩌면 이렇게 모를까?' 싶기도 했지만, 곧 깨달았습니다. 저 또한 우리 아이들을 만나기 전에는 장애를 개인의 문제로만 여겼고, 교사와 학교, 사회와 국가의 책임으로까지 생각해 본 적이 없었으니까요.

　더 많은 사람을 만나 소통하고 싶습니다. 더 많은 교사와 부모와 함께, 어떻게 함께 살아갈 수 있을지 이야기 나누고 싶습니다. 장애가 있든 없든, 세상에 태어나 고통받는 모든 생명과 함께할 수 있는 길을 넓히고 싶습니다.

　이 책이 편안하게 읽히지 않았으면 좋겠습니다. 누군가의 마음에 잔잔한 균열을 낼 수 있기를 바랍니다. 그 틈으로 빛이 스며들어, 사람들의 마음이 조금 더 포근하고 다정해지면 좋겠습니다. 마음이 흔들리고, 다치고, 실패하면서도 우리는 결국 함께 살아가는 길을 찾을 수 있으리라 믿습니다. 이 여정이 우리 사회를 더 깊고 따뜻하게 성장시키기를 바라며, 저는 오늘도 조용한 희망을 품고 글을 씁니다. 이 순간이 저에게는 참으로 고맙고, 벅찬 기쁨입니다.

나를 부모로 만든 아이들

1장

당연히 낳아야지요

"낳으실 건가요?"

전혀 예상하지 못한 간호사의 질문이었다. 무슨 의미인지 바로 이해되지 않아 답을 못 했다.

"네?"

"아이 낳으실 거냐고요."

"그게 무슨 말씀이세요? 저 난임 치료 받고 있어요. 지금 임신이라는 게 믿어지지 않는데, 당연히 낳아야지요."

처음 본 간호사에게 횡설수설하며 내가 난임 치료를 받고 있다는 것까지 말했다. 마치 뱃속에 생긴 생명이 날아가기라도 할 것처럼 다급하게.

결혼 3년 차. 아이가 생기지 않아 난임 치료를 시작한 지 얼마 되지 않았을 무렵이었다. 시술 날짜를 손꼽아 기다리던 어느 날, 친구와 수다를 떨며 쇼핑을 하던 중 갑자기 아랫배가 찌릿했다. 친구가 혹시 임신한 것 아니냐며 약국으로 뛰어가 테스트기를 사 왔다. 나는 그럴 리 없다고 확신

하며 화장실에 들어갔다가 생애 처음 두 줄을 마주하게 되었다. 테스트기를 들고 있는 손이 덜덜 떨렸다. 믿을 수가 없었다. 주변의 산부인과를 검색해 무작정 확인하러 갔다. 뱃속에 있을지도 모를 생명이 혹시라도 다칠까 봐 조심조심 걸어서.

낳을 거냐고 묻는 병원이 있다는 걸 그때 처음 알았다. 나는 가지고 싶어서 매일 기도하는 아이를 누군가는 낳지 않기로 선택할 수 있다는 게 적잖은 충격으로 다가왔다. 왠지 모르게 아이가 더 소중하게 느껴진 날이었다.

이후로 먹지도 굶지도 못하는 끔찍한 입덧이 시작되었지만 행복했다. 하루도 빠짐없이 태교 일기를 쓰고, 운동을 하고, 태중의 아이와 대화했다. 어떤 날은 태아에게 "엄마에게 와 줘서 고마워."라고 말하다가 눈물을 흘리기도 했다.

딸이라고 하길래 예쁜 인형을 사 두었다. 함께 손잡고 쇼핑을 가는 상상도 해 봤다. "남편을 닮아 얼굴이 못생겼으면 어떡하지?"라는 농담을 하며 웃기도 했고, 책을 좋아하는 아이로 성장했으면 좋겠다는 바람도 가졌다. 그러다 "어떤 모습으로 태어나든 건강만 해라. 엄마가 잘 키워 줄게."라며 태담을 마무리하는 날이 많았다.

아이는 나의 바람대로 건강하게 태어났고, 내 눈엔 이 세상 그 누구보다 예뻤다. 잠깐이라도 떨어져 있으면 아이가 눈에 아른거렸다. 생후 첫 3년이 중요하다기에 육아휴직을 했다. 일 중독자에 가까운 사람이라 아이를 낳기 전에는 휴직할 생각이 전혀 없었는데, 막상 태어나니 아무에게도 맡길 수가 없었다. 매일 아이와 먹고 자고 노는 일상이 이어졌다. 아이는 잘 먹고, 잘 자고, 잘 놀았다. 돌이켜 보니 내 생애 가장 행복한 날들이었다.

가끔 처음 임신을 확인했던 그때의 환희를 떠올려 본다. 만약 내가 타임 슬립을 해서 현재의 기억을 가지고 그때로 돌아간다면 '낳을 건가요?'라는 질문에 자신 있게 대답할 수 있을까? 장애를 가진 아이를 낳기로 결정한 어머니의 이야기를 읽은 적이 있다. 아마 나도 그와 마찬가지로 기쁨보다는 두려움에 맞설 용기를 가지고 답변하게 될 것이다.

"당연히 낳아야지요."

내가 바랐던 아이

"우리 연우 아무래도 영재인 것 같아. 책이 이렇게 많은데, 내용을 거의 다 외웠어."

나는 아이가 영재라고 굳게 믿었다. 아침에 나보다 먼저 일어나 책을 보고 있는 날도 있었고, 집에 책이 수백 권인데도 어떤 책이 어디에 꽂혀 있는지 알았다.

연우가 돌이 되던 무렵 남편이 연구년을 쓰게 되어 함께 미국으로 떠났다. 그곳에서 우리는 생애 가장 행복한 시간을 보냈다. 연우는 무럭무럭 자라 걷고 뛰고 말하기 시작했다. 아이가 건강하다는 사실만으로도 행복하다는 말은 어느새 남의 이야기가 되었다. 영어 교사인 나는 욕심이 났다. 아이를 이중 언어 사용자로 키우고 싶었다. 미국에 있었기 때문에 불가능한 일은 아니었다. 다행히 아이는 한국어도 영어도 잘했다. 고작 두 돌밖에 안 됐는데 나는 마치 아이가 서울대라도 합격한 듯 유난을 떨었다.

어느 날 남편과 스탠퍼드 대학에 갈 일이 있었다. 그곳에서 찍었던 사진을 보면 그때 나누었던 대화가 떠오른다.

"나중에 우리 연우가 여기서 공부하게 될지도 모르겠다. 아니면 하버드에 가려나?"

"유학시키려면 돈 많이 벌어야겠네."

불과 2년 뒤에 장애 진단을 받게 될 줄은 꿈에도 몰랐다. 훗날 돌아보니 아이의 자폐 진단을 두고 죽음을 생각할 만큼 힘들었던 까닭은 '상실감' 때문이었다. 아이는 내 곁에 그대로 있는데, 나는 '내가 바라는 아이'를 잃었던 것이다. 아이는 매일 내 눈앞에서 내가 잃은 것이 무엇인지를 존재로 증명했고, 나는 내 기대와 달랐던 아이를 받아들일 수 없어 절규했다.

'내 아이를 돌려줘!'

누가 아이를 뺏어 가기라도 한 듯, 온몸으로 대상 없는 원망을 퍼부었다. 나는 몰랐다. 부모는 아이를 있는 그대로 사랑할 수 있어야 한다는 것을. 바뀌어야 할 사람은 아이가 아니라 나라는 사실을. 그때는 전혀 몰랐다.

나는 똑똑한 부모가 되고 싶었다. 아이를 부모보다 성공한 사람으로 키우고 싶었다. 그렇게 클 것이라 굳게 믿었다. 돌 무렵부터 이중 언어 사용자를 꿈꾸고, 스탠퍼드를 염두에 두고 있었으니, '7세 고시'에 열을 올리고 있는 대치동의 부모와 다를 게 없었다. 우리 아이들이 자폐 진단을 받지 않았다면, 아마 지금쯤 나는 대치동 어느 학원 앞에서 아이를 기다리고 있지 않았을까?

    어쩌면 부모로서의 성공은 아이를 원하는 모습으로 키우는 것이 아니라, 아이와 함께 걸으며 나 자신을 변화시키는 과정일지도 모른다. 자신을 성찰하고 변화시킨다는 것은 결코 쉬운 일은 아니지만, 그 길 끝에서야 비로소 진짜 사랑이 시작된다는 것을 이제는 안다. 아이는 나의 꿈을 이루기 위해서가 아니라, 오로지 사랑하기 위해서 낳는다.

병원 쇼핑

"엄마, 이 중에서 새끼손가락이 어떤 거예요?"

네 살이 된 딸 연우는 다섯 손가락을 활짝 펴 보이며 물었다. 내가 답을 하기도 전에, 질문만 던지고 가 버렸다. 잠시 후 다시 와서 똑같은 질문을 또 했다. 연우는 이미 답을 알고 있었다. 질문은 소통을 위함이 아니었다. 그저, 놀이 같아 보였다.

어느 순간부터 하루 종일 말을 했다. 어디선가 들은 말, 엄마가 책에서 읽어 준 말들을 읊조렸다. 하지만 정작 대화는 없었다. 나는 걱정이 되어 맘카페에 글을 남겼다.

"아이가 하루 종일 말을 해요. 그런데 대화가 아니라 혼잣말이에요. 괜찮은 걸까요? 언제쯤 대화가 될까요?"

답변이 많이 달렸다.

"말을 처음 배우는 아이들은 그럴 수 있어요."

"말을 잘해서 부러워요."

첫아이라 아무것도 몰랐던 나는, 아이들이 원래 그런 줄 알았다. 그런데 시간이 지나도 나아지지 않았다. 불안감은 사라지지 않았고, 결국 병원을 찾았다.

휴직하고 강릉에서 지내던 때라 그곳의 종합병원 소아과에서 베일리 검사[*]를 했다. 네 살 아이를 데리고 오랜 시간 검사를 받느라 무척 힘들었다. 생후 한 달밖에 안 된 둘째에게 중간에 수유를 해야 할 정도로 긴 검사였다.

의사는 검사 결과를 보며 말했다.

"별다른 이상은 없어 보이네요. 그래도 재활의학과에서 한 번 더 확인해 보시죠."

재활의학과 선생님도 말했다.

"크게 이상이 있는 건 아닙니다. 너무 걱정하지 마세요."

그래도 불안했다. 이번에는 소아정신과를 찾았다.

"아이가 말을 잘하지만 소통이 되지 않아요. 이상이 있는 것 같아서 왔어요."

의사는 10분 정도 질문을 했다. 내 답변을 듣더니 청천벽력 같은 말을 꺼냈다.

"자폐가 아니라고 말하기 어렵습니다. 검사를 진행해 봅

➜ 베일리 영유아 발달검사 Bayley Scales of Infant Development는 생후 1개월부터 42개월까지 영유아의 인지, 언어, 운동 발달을 평가하는 검사이다. 발달 지연을 조기에 발견하고 개입할 수 있도록 설계되었다. 『베일리 3: 임상적 활용과 해석』, 방희정·남민·이순행·김호정·이은지 옮김 (시그마프레스, 2016).

시다."

순간 숨이 멎는 듯했다. 살면서 이보다 더한 충격을 받아 본 적이 있을까? 검사 결과를 기다리는 2주 동안, 나는 제대로 먹지도 못하고, 자지도 못했다. 체중이 급격히 줄어 옷이 헐렁거렸다. 그런데 결과는 의외였다. 처음 자폐를 의심했던 의사는, 결과지를 보고 진단을 번복했다.

"다행히 자폐는 아닙니다. 발달이 조금 느릴 뿐이에요. 불안하시다면 놀이 치료나 언어 치료를 시작해 보세요."

"치료는 어디에서 하나요?"

아무것도 모르는 나는 병원에서 치료를 받는 건 줄 알았다.

"그건 어머님이 직접 알아보셔야 합니다."

그날부터 치료실을 검색하기 시작했다. 치료실에서도 각종 검사를 요구했다. 세상에, 검사 종류는 왜 이렇게 많고 비용은 또 왜 이렇게 비싼 걸까. 그래도 해야 한다니까, 했다. 그렇게 언어 치료, 놀이 치료를 시작했다. 반년이 흘렀다.

그런데… 아이는 나아지지 않았다. 아니, 오히려 퇴행하는 느낌이었다. 이대로는 안 되겠다, 불안감에 서울의 병원들을 알아보기 시작했다. 초진을 잡으려 했지만, 1년 안에 진료받을 수 있는 병원이 없었다. 그렇게 또 속절없이 1년이 흘렀다.

마침내 서울대병원에서 결정적인 진단을 받았다.

"자폐 스펙트럼입니다."

그동안 검색하며 예상한 결과였다. 그럼에도 불구하고 끝까지 아니라는 말을 듣고 싶었다.

"앞으로 어떻게 해야 하나요?"

"이미 조금 늦은 감이 있지만, 조기 집중 치료가 중요합니다."

이미 늦었다니 다급해졌다. 의사는 내게 가능하면 강릉을 떠나 서울로 올 것을 권했다. 어리면 어릴수록 치료 효과가 좋다고 했다. 결정적 시기를 놓치면 안 된다고도 했다. 그렇게 중요한 시기라면서 초진을 기다리는 데 1년을 허비하게 하다니 죄 없는 의사가 원망스러웠다. 서울 어디에서 치료를 받아야 하는지, 무슨 치료를 몇 시간 받아야 하는지, 치료받으면 아이는 얼마나 좋아질 수 있는지를 물었다. 의사는 그 어떤 질문에도 속 시원한 답변을 주지 못했다. 치료 기관은 내가 직접 찾아야 한다고 했고, 치료는 여력이 되는 만큼 많이 받을수록 좋다고 했다. 예후는 아무도 모른단다.

'아… 진단을 했으면 최소한 어디서 무슨 치료를 받아야 하는지 정도는 알려 줘야지….'

답답한 마음으로 진료실 밖으로 나왔다. 차를 타고 돌아오는 길에 그동안 참았던 눈물이 쉴 새 없이 흘렀다. 눈앞이 깜깜했다.

'아… 나는 앞으로 어떻게 살아야 하는 걸까?'

그러다 퍼뜩 아이 돌보미에게 맡기고 온 둘째 생각이 났다.

'그래. 둘째를 위해서라도 연우를 치료해야겠어. 열심히 치료하면 고칠 수 있을 거야. 세상에 열심히 해서 안 되는 게 어딨어. 힘을 내자.'

그렇게 애써 마음을 다잡으며 집으로 돌아왔다.

'이제부터 열심히 알아보자. 서울 어디에서 어떤 치료를 받으면 되는지.'

그때부터 출구가 보이지 않는 터널 속에 갇혀 '집중 치료'가 시작되었다. 우리는 아이의 치료에 모든 것을 걸었다.

한국에서 발달장애 진단을 받으면

초기 집중 치료란 생후 18~36개월 이내에 진단을 받고, 조기에 개입해 아동의 특성에 맞춘 맞춤형 집중 치료를 받는 것을 의미합니다. 다양한 연구들에 따르면, 이런 조기 집중 치료는 언어 발달, 사회성, 행동 조절 등 여러 영역에서 긍정적인 예후를 가져온다고 입증된 바 있습니다.

   이런 연구 결과를 바탕으로, 미국에서는 조기 개입을 매우 중요하게 인식하고 있습니다. 주마다 세부적인 정책은 다르지만, 발달장애 진단을 받으면 즉시 치료팀이 구성됩니다. 이 치료팀에는 발달 전문가, 언어 치료사, 작업치료사 등이 포함되며, 치료사는 정기적으로 가정을 방문합니다. 이때 치료사의 역할은 아동에 대한 직접적인 치료뿐만 아니라, 부모 교육까지 포함됩니다. 부모가 일상 속에서도 치료 기법을 자연스럽게 적용할 수 있도록 돕는 것이지요. 모든 치료는 주 및 연방 정부의 재정 지원을 받아 무료이거나 매우 저렴한 비용으로 이루어집니다.

   여기서 말하는 '집중 치료'는 단순히 치료사가 아동을 직접 치료하는 시간만을 의미하지 않습니다.

   ① 치료사가 아이를 치료하는 시간, ② 부모를 대상으로 한 교육 시간, ③ 부모가 배운 기법을 일상에서 실천하는 시간까지 포함한 전체 시간을 말합니다. 즉, 치료사가 모든 시간을 직접 담당하는 것

이 아니라, 부모가 일상 속에서 치료의 연속성을 유지할 수 있도록 돕는 구조입니다.

안타깝게도, 우리나라의 현실은 이와는 거리가 있습니다. 국내에서는 진단을 받더라도 치료팀이 자동으로 구성되지 않으며, 어떤 치료를 언제, 어디서 받아야 하는지조차 보호자가 스스로 알아봐야 합니다. 부모는 인터넷을 검색하고, 기관에 직접 문의하고 상담을 받으며 대기 명단에 이름을 올리는 수밖에 없습니다. 치료 비용도 기관마다 다르지만, 일반적으로 50분 수업(40분 치료 + 10분 상담)에 5만 원에서 10만 원까지 듭니다. 만약 주당 20시간 치료를 받는다고 가정하면, 한 달 치료비가 400만 원을 훌쩍 넘습니다. 정부가 치료 바우처를 제공하긴 하지만, 한 달에 두세 시간 분량에 불과하고, 이마저도 본인 부담금이 따릅니다.

'조기 교실'이라는 이름으로 오전부터 오후까지 치료가 이뤄지는 기관도 일부 있지만, 비용은 월 수백만 원 수준이며, 경우에 따라 1000만 원이 넘는 곳도 있습니다.

그럼에도 불구하고, 많은 부모들이 '골든 타임'을 놓칠까 봐 빚을 내는 것도 마다하지 않습니다. 저 역시 그랬습니다. 치료실에서 만난 부모들 대부분은 한 달 수백만 원을 감당하면서도 더 나은 치료를 위해 정보를 찾아 헤맵니다. 하지만 공신력 있는 기관에서 아이의 특성에 맞는 치료 방향을 안내해 주는 시스템은 존재하지 않습니다. 결국, 부모는 검증되지 않은 정보에 의존하게 되고, 불안 속에서 치료를 이어 갑니다.

권정민 서울교육대학교 유아·특수교육과 교수는 「자폐성장애 아동의 부모는 왜 사이비 치료를 선택하는가」(『자폐성장애연구』 제22권 2호, 2022, 한국자폐학회)라는 논문에서, 부모가 사이비 치료에 빠지는 이유가 개인적 특성뿐만 아니라 사회적·문화적·제도적 요인에 기인한다고 분석합니다. 이로 인해 부모는 절박함과 희망 고문 속에서 치료사를 신격화하고, 결국 장애를 수용하는 데도 어려움을 겪게 된다고 지적합니다.

저는 미국의 시스템이 부러웠습니다. 치료사가 가정으로 찾아와 교육을 진행하고, 가정이 일상을 유지하는 가운데 부모 교육까지 자연스럽게 이루어지는 모습을 영상으로 접할 때마다 더 간절한 마음이 들었습니다. 미국뿐만 아니라 캐나다, 싱가포르, 오스트레일리아, 스웨덴 등 여러 나라에서도 조기 치료와 부모 교육의 중요성을 인식하고, 가정 중심 치료를 제도적으로 지원하고 있습니다. 한 지인은 덴마크의 조기 치료 시스템을 견학하고, 그 수준에 감탄해 이민을 가고 싶었다고 합니다. 저 역시 경제적 측면이나 교육 환경 등 모든 면에서 차라리 이민을 가는 것이 나을 것 같다고 생각한 적도 있습니다. 실제로, 제가 아는 몇몇 가정은 결국 이민을 선택하기도 했습니다.

"장애가 있는 아이를 낳으면 집안이 풍비박산된다."

한때는 이 말을 이해하지 못했습니다. 하지만 지금은, 이 말이 가리키는 현실을 절절히 느끼고 있습니다. 이 말이 더는 유효하지 않은 세상이 되도록, 우리는 제도와 시스템을 바꿔야 합니다.

사이비 치료

마트에 가려면 집 근처 공사판을 지나쳐야 했다. 나는 마트에 간다고 나와서는 공사판 옆에서 한참을 서 있었다. 거대한 포클레인이 땅을 파고, 기계가 요란한 소리를 내며 어디엔가 구멍을 뚫고 있었다. 주민들은 소음이 너무 심하다며 항의했다지만, 나는 그 소리를 들으며 오히려 귀가 시원해지는 느낌이었다. 공사판 소음은 마치 음소거 버튼을 누른 듯 청각과 연결된 신경을 마비시켜 주었다. 아무것도 생각할 수 없게 만드는 거대한 소음이 나를 살리는 유일한 무통 주사와 같았다.

아이가 여섯 살이 되던 해 여름, 지옥이 시작되었다. 자폐증이 있는 아이라 계절 변화에 민감해 매년 여름이 힘들긴 했다. 하지만 그해에는 어떤 말로도 표현하지 못할 고통이 찾아왔다.

아이는 아침에 눈을 뜨자마자 이유 없이 울기 시작했다. 밥을 먹을 때 잠시 멈췄다가, 다시 울었다. 밤에 눈을 감을 때까지, 울음은 멈추지 않았다. 울음소리는 다양했다. 끙끙 앓는 소리, 짜증 섞인 신음, 점점 커지는 울부짖음. 시간이 지날수록 내겐 모두 똑같은 고문의 소리로 들렸다.

'분명 이유가 있을 거야.'

아이에게 아무리 물어봐도, 대답은 돌아오지 않았다.

나는 ABA⬇ 부모 교육을 80시간 이상 받았기에 표를 만들어 아이의 모든 행동을 기록했다. 예민한 나의 눈으로도 원인은 보이지 않았다.

'혹시 치통일까?'

치과에 갔다.

"작은 충치가 있지만, 통증이 심할 정도는 아닙니다."

'혹시 다른 질병일까?'

소아과에 가서 엑스레이를 찍고, 이비인후과에서 코와 귀, 목을 모두 점검했다.

"아이에게 아무 이상이 없습니다."

아이가 건강하다는 진단이 이렇게까지 괴로운 적이 있

➡ ABA는 응용 행동 분석Applied Behavior Analysis의 약자이다. ABA는 간단히 말해 학습과 행동에 대한 과학이다. 학습이 어떤 원리로 일어나는지, 그리고 인간의 어떤 행동이 어떤 이유로 일어나는지를 밝히고, 이 원리를 적용함으로써 유용하고 바람직한 행동은 늘리고, 해롭거나 학습에 방해가 되는 행동은 감소하려는 학문이다(한국응용행동분석전문가협회KACBA 누리집 참고.
https://www.kacba.com/bbs/content.php?co_id=info_01).

었던가.

자폐 아이들에게는 온몸에 벌레가 기어다니는 듯한 감각 이상이 생기기도 한다는 영상을 본 기억이 났다. 전신 마사지법을 공부해 땀을 뻘뻘 흘리며 마사지를 해 주었다. 아이는 마사지 중에는 잠시 멈추었다가 끝나면 다시 울었다.

전환이 필요할 것 같아 가족 여행을 떠났다. 낯선 환경에서도 아이는 달라지지 않았다. 사람들은 여섯 살 아이가 아기처럼 울어 대는 모습을 신기한 듯 쳐다보았다. 어떤 노인은 "왜 아이를 달래지 않고 계속 울리냐?"며 호통을 치기도 했다.

어떤 날은 너무 고통스러워 미쳐 버릴 것 같았다.

"왜 울어? 제발 그만 울어!"

미친 사람처럼 아이를 붙잡고 흔들었다. 아이는 울면서 내 말을 따라 하기만 했다.

"왜 울어. 왜 울어. 왜 울어."

또 다른 날은, 아이의 울음이 들리지 않을 정도로, 내가 더 크게 울기도 했다.

울음이 한 달가량 지속되자, 나는 점점 몸과 마음이 허물어져 갔다. 아이가 없는 공간에서도 환청이 들렸다. 어디를 가든, 어디선가 아이의 우는 소리가 들려왔다.

"제발, 이 울음소리를 듣지 않을 수만 있다면, 무슨 짓이라도 할 수 있을 것 같아."

남편과 나는 가진 자원을 총동원해 아이를 위해 매달렸지만, 울음은 멈추지 않았다.

이대로 가다가는, 우리 네 식구 모두 무너질 것 같았다. 우리는 마지막 지푸라기를 잡는 심정으로 검색 끝에 알게 된, 자폐 치료로 유명한 한의원을 찾았다.

한의사를 처음 만난 날부터 나는 그가 의심스러웠다. 하지만 '울음을 멈출 수 있다'고 자신 있게 말하는 그의 말 외에는 기댈 곳이 없었다. 약값이 수백만 원이었지만, 치료를 시작했다. 아이는 한약을 먹고, 침도 맞았다.

한의사의 진단은 늘 비슷했다.

"폐에 열이 찼다."

"열이 다른 장기로 옮겨 갔다."

몇 주 후, 아이는 아무 일도 없었다는 듯 울음을 멈췄다. 그런데 왠지 모르게 한약 때문이 아니라는 생각이 들었다.

당시 같은 치료실에 다니던 한 자폐 아이도 같은 한약을 먹고 있었다. 그런데 한약 복용 일주일 만에 아이의 가슴에 멍울이 생겼다. 대학병원에서 성조숙증 검사를 했고, 당시 8세였던 아이는 결국 성조숙증이 아닌 한약 부작용으로 진단을 받았다. 병원에서 받은 결과를 가지고 한의사에게 따져 물었더니, 의사는 단번에 전액을 환불해 주겠다고 했다.

내게는 자폐가 완치될 수 있다고 했던 의사가 왜 그렇게 쉽게 치료를 포기하고 환불까지 해 주는지 이해가 되지 않았다. 혹시 '지인의 아이에게는 통하지 않았던 치료가 내 아이에게는 통해서 완치되지 않을까?' 하는 희망을 잠시 품기도 했다. 하지만 손톱만큼의 근거도 없는 기적을 바라고 가기에는 치러야 하는 경제적 비용이 너무 컸다. 지인과 함께 세상에 자폐를 완치할 수 있는 약을 개발한 사람이 있다면 노벨상을 받지 않았을까 하는 농담 반, 진담 반 대화를 주고받았다. 시간이 지나고 보니 그때 치료를 그만둔 게 천만다행이었다. '완치'를 내거는 것이 사이비 치료의 대표적 특징이라는 걸 뒤늦게 알았다.

2023년, '왕의 DNA' 사건*이 뉴스에 보도되었을 때 많은 사람들이 황당해했다. 나는 단번에 알았다.

'저곳도, 흔한 사이비 치료실 중 하나일 뿐이야.'

과학적 근거도 없이 치료처럼 포장된 사이비 요법은 일일이 나열하기도 힘들 만큼 많다. 아이가 말할 때까지 때리

➡ 이 사건은 교육부 5급 사무관이 자신의 초등학생 자녀에게 '왕의 DNA가 있다'고 하며 교사에게 자녀를 대할 때 주의해야 할 사항을 제시하는 등 무리한 요구를 했다는 사실이 언론에 보도되며 알려졌다. 처음에는 교육부 사무관의 황당한 갑질로만 보였으나, 얼마 후 '왕의 DNA'라는 표현이 어느 사설 치료 기관에서 홍보하는 발달장애 치료법임이 알려졌다. 해당 업체는 자폐, 틱장애, 주의력 결핍 과다 행동 장애ADHD 등의 발달장애가 있는 아동은 '왕의 DNA'가 있는 것으로, 이런 장애는 약물 없이 완치할 수 있다고 주장했다. 이런 주장은 과학적 근거가 전혀 없으며, 전문가들은 이를 사이비 의료로 간주하고 있다.

는 '터치 요법', 고압 산소 기계에 아이를 눕히고 산소를 주입하는 '고압 산소 치료', 각종 생의학 요법, 보충제, 식이 요법, 마사지 등. 미국에서는 금지된 치료법들이, 한국에서는 버젓이 성행하고 있다.

그들은 '골든 타임'을 놓치고 싶지 않은 부모들의 심리를 이용해 돈을 번다. 무지하고 어리석어서 그런 곳을 찾는 것이 아니다. 치료 정보는 산재되어 있고, 아이와 함께 힘든 일상을 살아 내기도 버거운 부모가 제대로 된 치료 기관을 찾아갈 방법이 없기 때문이다. 아이에게 나타나는 수많은 증상들에 대한 뚜렷한 원인도 검증된 치료법도 없는 현실 속에서 부모들이 믿고 상의할 만한 곳이 없다. 부모 교육과 심리적 지원은 물론 힘든 일상을 거들어 줄 손도 절실하다.

왕의 DNA 논란이 뜨거울 때, 나는 여러 방송사의 연락을 받았다. 조금이라도 변화를 만들고 싶어서, 인터뷰도 하고 방송에도 출연했다. 그때 여러 기자, 방송작가, 피디가 사이비 치료에 대한 나의 경험을 듣고 똑같은 질문을 했다.

"정말이에요? 이거 실화입니까?"

그만큼 발달장애 치료의 세계가 비상식적이라는 방증이 아닐까. 첫아이가 진단을 받은 지 10년이 다 되어 가지만, 아직도 변한 것은 없다. 부모들이 모여 있는 인터넷 카페에서는 여전히 사이비 치료가 언급된다. 보충제와 건강식품이 치료제처럼 홍보된다. 자폐 진단을 받는 아이들은 매년 늘

어나고 있다. 새로운 부모들이 나와 같은 고통을 반복하고 있다.

또 다른 왕의 DNA 사건이 터진다면, 과연 사이비 치료에 빠진 부모의 잘못이라고 말할 수 있을까? 진단 후 체계적인 시스템의 미비, 과학적 근거 없는 사이비 치료로 절박한 부모를 꼬여 내는 센터에 대한 관리와 규제의 부실에 대한 책임을 먼저 물어야 하지 않을까?

선배 부모가 알려 주는 사이비 치료 구분법

연우가 세 돌이 되던 무렵부터 일곱 살이 될 때까지, 매일 치료 생각뿐이었습니다. 좋다는 건 뭐든 해 보려고 했습니다. 한 달에 수백만 원씩 쏟아부었지요. 결국 억대의 빚이 생겼습니다. 지금 돌이켜보면, 사이비 치료도 적지 않았습니다. 얼마 전엔, 예전에 상담받고 몇 번 다녀왔던 곳이 고소당했다는 기사를 보았습니다.

한때는 이상한 정의감에 불타 사이비 치료를 광고하는 사람들과 싸우기도 했고, SNS 글을 찾아내 신고도 많이 했습니다. 지금은 너무 바빠서 그런 일들을 자주 하진 못하지만, 여전히 누군가는 같은 길을 걷고 있다는 생각에 마음이 아픕니다.

그동안의 경험을 바탕으로 사이비 치료를 구분하는 기준을 정리해 봤습니다.

1. '완치'를 장담한다.

꾸준히 치료만 받으면 정상 발달로 돌아갈 수 있다고 말합니다. '완치'라는 단어 자체가 이미 과학적 근거가 없는 주장입니다.

2. '시간이 없다'고 조급함을 유도한다.

이미 늦었고, 지금 바로 시작하지 않으면 아이가 퇴행한다고 말합니다. 불안을 자극해 판단력을 흐리게 만듭니다.

3. 다른 치료를 함께 받으면 효과가 더 좋다고 한다.

다른 치료도 병행해야 효과를 본다며, 추가 치료를 유도합니다.

4. 유명 치료사에게 가려면 '거쳐야 할 단계'가 있다고 한다.

인기 있는 원장님 치료를 받으려면, 먼저 초보 치료사의 수업을 일정 기간 수강해야 한다고 합니다. 혹은 원장님 수업을 넣어 줄 테니 다른 치료사의 수업도 함께 들으라고 합니다. 시간과 돈을 이중으로 소모하게 만듭니다.

5. 장애는 엄마 탓이라는 식의 죄책감을 유도한다.

장애는 절대 선천적인 게 아니며, 엄마가 관리를 잘하면 아이의 미래가 바뀐다고 말합니다. '엄마 책임론'을 이용해 치료나 영양제 구매를 유도합니다.

6. 근거 없는 성공 사례를 보여 준다.

"이렇게 심했던 아이가 이 치료를 받고 지금은 이렇게 좋아졌습니다."라며 영상이나 사진, 후기 등을 보여 줍니다. 하지만 정작 아이의 기질, 장애 정도, 치료 환경 등 중요한 정보는 빠져 있습니다. 모든 아이에게 똑같은 결과가 나타날 수 없다는 점을 무시한 위험한 일반화입니다.

7. 장애가 아니라고 한다.

병원에서 받은 진단이 오진이라며, 아이가 단지 발달이 느린 것뿐이고 치료만 받으면 좋아진다고 주장합니다. 스스로를 전문가처럼 포장하고 확신에 찬 말투로 희망을 심어 주지만, 이는 의학적 진단을 부정하고 부모의 불안을 악용하는 행위입니다.

- **사이비 치료로부터 발달장애 아동을 보호하기 위한 정책 제안**

우리 사회 곳곳에는 '발달장애 치료에 효과가 있다'는 명분 아래, 과학적 근거 없이 이루어지는 사이비 치료가 성행하고 있습니다.

터치 요법, 고압 산소 치료, 주사 요법, 고가의 식이요법, 인지 기능에 영향을 준다는 장비 치료 등은 외형적으로는 전문적인 것처럼 보일 수 있으나, 실제로는 과학적으로 검증되지 않았거나 오히려 아동에게 해를 끼칠 수 있는 위험한 방법입니다.

더 큰 문제는 이런 비과학적 치료들이 의료 기관의 외피를 두른 채 부모의 절박함을 이용하며, 탁월한 효과가 있는 것처럼 포장되어 유통되고 있다는 점입니다.

발달장애 아동을 대상으로 한 사이비 치료는 단순한 자원의 낭비에 그치지 않습니다. 경우에 따라 아동에게 직접적인 신체적·정서적 피해를 주기도 하며, 부모가 적당한 치료 시기를 놓치게 만들 수도 있습니다. 고액의 비용이 수반되는 경우도 많아, 결과적으로 가정의 경제적 기반까지 무너뜨릴 수 있습니다. 이런 문제를 예방하려면 정부 차원의 선제적 대응과 강력한 규제가 반드시 필요합니다.

첫째, 사이비 치료에 대한 정의와 기준을 명확히 해야 합니다. 현재 〈의료법〉이나 관련 법령에서는 사이비 치료에 대한 구체적 정의나 분류 기준이 부족합니다. 이로 인해 과학적 검증이 부족한 치료법들이 온라인과 오프라인에서 버젓이 광고되고 있는 실정입니다. 이를 방지하기 위해 〈의료법〉 또는 〈장애인복지법〉에 '근거 없는 치료'의 개념을 명시하고, 과학적으로 검증되지 않은 치료 행위에 대한 명확한 분류와 금지 기준을 마련해야 합니다.

둘째, 사이비 치료 행위에 대한 사전·사후 규제를 강화해야 합니다. 특정 치료법이 장애에 효과가 있는 것처럼 광고하거나, 부모의 불안을 자극해 고액의 비용을 요구하는 행위에 대해서는 사기죄 또는 〈의료법〉 위반으로 명확히 처벌할 수 있는 법적 근거가 필요합니다. 이를 위해 공정거래위원회, 보건복지부, 식품의약품안전처 등 관련 기관 간의 공조 체계를 강화하고, 허위·과장 광고에 대한 상시 모니터링 시스템을 구축해야 합니다.

셋째, 발달장애 아동 보호자를 대상으로 한 정보 교육 시스템을 마련해야 합니다. 대부분의 사이비 치료는 보호자의 절박함을 파고듭니다. 과학적 치료에 대한 정보가 부족한 상황에서, 그럴싸하게 포장된 치료법이 마치 '마지막 희망'처럼 다가오기 때문입니다. 이에 보건복지부, 교육부, 국립특수교육원 등 관계 기관이 협력해 '검증된 치료법 목록'과 '주의해야 할 유사 치료 사례집'을 제작·배포하고, 장애인 부모 교육 프로그램에 이를 필수 콘텐츠로 포함해야 합니다.

넷째, 사이비 치료 피해 신고 및 상담 체계를 구축해야 합니다. 사이비 치료를 경험한 부모들이 안심하고 피해를 호소할 수 있는 신뢰할 만한 창구가 필요합니다. 이를 위해 발달장애 가족지원센터, 보건소, 교육청, 국립특수교육원 등을 거점으로 삼아 사이비 치료 피해 신고 센터 및 전문 상담 체계를 운영해야 합니다. 법률 지원과 전문가 상담이 가능한 연계 시스템도 함께 마련되어야 합니다.

이런 정책들이 실효성 있게 추진된다면, 사이비 치료에 노출된 발달장애 아동의 피해를 예방할 수 있을 뿐만 아니라, 가족의 경제적·심리적 부담을 실질적으로 줄이고, 더 많은 아동이 검증된 조기 중재와 교육적 지원을 받을 수 있을 것입니다.

국가가 책임지고 아이들의 삶을 지켜야 할 때입니다. 그 시작은, 허위와 착취로부터 이들을 보호하는 일입니다.

엄마, 이거 봐

"엄마! 이거 봐! 이거 내가 한 거야!"

준호는 한쪽 손으로 엄마를 잡아당기며, 다른 쪽 손으로는 벽에 걸린 자신의 그림을 가리켰다.

어린이집 참관수업에 갔다가 본 아들의 친구, 준호의 모습에 나는 별안간 강한 공포에 휩싸였다. 준호와 엄마의 모습을 보며 마치 망치로 머리를 얻어맞은 듯 얼어붙고 말았다.

그래. 이 생기.

안에서 넘쳐 나는 에너지로 혼자 날뛰는 것이 아니라, 사소한 것이라도 타인과 나누고 싶어 하는 마음. 인정받고 싶고, 자신의 관심사에 사랑하는 이의 시선이 함께 머물기를 바라는 마음. 그것은 인간이 어릴 때부터 자연스럽게 내보이는 본능 아닐까.

엄마의 손을 잡아끌며 '공동 주목'을 시도하는 것. 그리고 자랑하고 싶어 하는 마음. 이런 장면은 아이가 있는 곳이면 어디서든 흔하게 볼 수 있다. 그런데 나는, 아이가 네 살이 되어 문장으로 말할 수 있게 될 때까지도 왜 이런 모습을 단 한 번도 보지 못했을까?

왜 나는 딸이 자폐 진단을 받았는데도, 아들은 의심조차 하지 않았을까? 장애 이전에 아이는 완전히 개별적인 존재인데, 그 사실을 간과했다. 어릴 때부터 첫째와 너무 달랐기에 안도했고, 신체 발달이 평균보다 훨씬 빨랐기에 발달 장애일 리 없다고 믿었다.

그날 어린이집에서 아들의 친구를 보며, 나는 또 한 번 내 아이의 장애와 마주했다. 한동안 아무것도 할 수 없었다. 눈물만 흘렀다. 살아갈 희망이 없었다. 이토록 무서운 저주가 나에게 떨어지다니. 믿을 수 없어 발버둥 쳤다. 기도 형식 따위는 잊었다. 눈을 뜨고 있는 모든 순간이 기도가 되었다. 하루 종일 눈물로 신에게 매달렸다.

'제발, 한 명만이라도 살려 주세요. 차라리 제 목숨을 가져가 주세요.'

➡ 공동 주목joint attention은 두 사람이 하나의 대상이나 사건에 동시에 관심을 두고 그 주의 초점을 서로 공유하는 초기 사회적 의사소통 능력을 말한다. 일반적으로 생후 9개월경부터 나타나며, 언어 발달과 사회성 발달의 중요한 선행 기술로 간주된다. 자폐 스펙트럼 장애 아동의 경우 공동 주목 행동의 결함이 조기 진단의 지표로 활용되기도 한다. 국립특수교육원, 『자폐성장애 학생을 위한 교수·학습 자료 개발 연구』(2020).

세상에 목숨을 건 어미의 기도보다 간절한 것이 있을까? 그러나 내 기도는 응답받지 못했다.

분명 둘째는 장난감을 기능에 맞게 가지고 논다며 기뻐했는데, 아이는 점차 모든 장난감을 흔들기 시작했다. 인형 옷을 입히며 놀던 아이는, 어느새 인형과 옷을 허공에서 흔들기만 했다. 놀이 방법을 완전히 잊은 듯 하루가 다르게 다른 아이가 되었다. 나는 인형과 기차를 쓰레기통에 던져 버렸다. 내 앞에 쏟아진 운명도 함께 버리고 싶었다.

어린이집 선생님은 어쩔 줄 몰라 했다. 이미 장애가 있는 아이를 키우고 있는 내게 무슨 말을 더 할 수 있었겠는가. 그저 어린이집에서 최선을 다해 돕겠다는 말만 했다. 하지만 나는 잘 알고 있었다. 일반 어린이집에서 특별한 지원 없이 다수의 아이들과 함께 지내는 것은 선생님에게도 아이에게도 무리라는 걸. 유예를 신청해서 4세 반에 한 해 더 다니라는 어린이집의 권유를 뿌리치고 나왔다.

언젠가 혼자 길을 걷다 눈물을 왈칵 쏟았다. 엄마의 손을 잡고 길을 따라 아장아장 걷던 아이의 입에서 튀어나온 말 때문이었다.

"엄마! 이거 봐!"

아이와 엄마가 함께 민들레를 보며 웃는 장면이 내게는 먼 나라 영화의 한 장면 같았다.

정말 들어 보고 싶다. 내가 아이를 두 명 낳고도 한 번도 들어 보지 못한 그 짧은 한마디.
　'엄마, 이거 봐.'

발달장애 진단 후 구축돼야 할 연속적·종합적 지원 체계

장애 가능성이 있는 영유아를 조기에 발견하고, 그에 따라 적절한 중재를 신속히 제공하는 일은 2차 장애를 예방하고 아동의 발달을 촉진하는 데 결정적인 역할을 합니다.

하지만 현재 우리나라의 제도는 이런 흐름이 원활하게 작동하기 어려운 구조입니다. 가장 큰 문제는 교육과 보육이 서로 다른 부처에서 운영되고 있다는 점입니다. 유치원은 교육부, 어린이집은 보건복지부 소관이다 보니, 장애 아동에 대한 지원이 분절적으로 이루어지고 있고, 그로 인해 특수교육 서비스의 질과 접근성에 큰 격차가 생기고 있습니다.

국제사회 역시 이 같은 문제를 지적한 바 있습니다. 2022년 8월, 유엔장애인권리위원회는 모든 장애 아동이 어린이집이 아닌 일반 유치원에서 통합 교육을 받을 수 있도록 국가가 보장해야 한다고 권고했습니다. 이에 따라 정부는 '제6차 특수교육 발전 5개년 계획(2023~2027)'을 수립하고, 특수교육 대상 영유아에 대한 지원 체계 강화를 핵심 과제로 삼고 있습니다. 이 계획의 실효성을 높이기 위해서는 관계 부처 간 긴밀한 협업을 통해 보다 통합적이고 일원화된 지원 체계를 마련할 필요가 있습니다.

무엇보다 중요한 것은 조기 발견 이후의 지원이 지체되지 않도록, 정보 제공과 서비스 연계 체계를 강화하는 일입니다. 이를 위해 교육부, 복지부, 보건 당국이 발달 지연 관련 정보를 통합적으로 관리하고, 아동의 발달 위험이 포착되었을 때 신속히 관련 기관으로 연계할 수 있는 시스템이 필요합니다.

예를 들어, 영유아 건강검진 결과를 통해 발달 지연 위험군이 발견되면 그 정보가 자동으로 교육기관이나 조기 개입 센터에 전달되어 즉각적인 개입이 이루어질 수 있어야 합니다. 이를 위해서는 개인정보 보호 원칙을 지키면서, 부모 동의를 전제한 정보 공유 체계도 함께 마련되어야 합니다.

현장에서도 연계가 원활히 이루어지려면, 지역 단위의 통합 지원 센터를 구축하는 방안이 필요합니다. 이 센터는 유치원, 어린이집, 병원, 지역 치료 기관 등과 협력해 발달 검사, 상담, 교육 계획 수립, 기관 배치까지 아우르는 원스톱 서비스를 제공할 수 있어야 합니다.

이런 체계를 통해 부모는 자녀의 발달 문제를 인식한 즉시 적절한 조치를 받을 수 있고, 기관 간 서비스 격차도 줄일 수 있습니다.

또한 유치원 현장에서는 특수교사와 치료 지원 인력을 충분히 확보해야 합니다. 장애 가능성이 있는 아동이 다닐 수 있는 모든 유치원에 특수교사를 배치하고, 언어 치료사나 작업치료사 등 다양한 전문가들이 협력할 수 있는 여건을 만들어야 합니다. 이를 위해 유아 특수교사들에게는 조기 발견과 상담, 다학제 협력에 대한 전문성 강화 연수도 함께 이루어져야 합니다.

이처럼 보육, 교육, 의료 간의 경계를 허물고, 일원화된 정책과 시스템을 구축해 나간다면 장애 위험이 있는 영유아가 시기적절한 개입을 받을 수 있을 것입니다. 그분만 아니라 부모가 체감하는 정책 만족도 또한 크게 향상될 것입니다.

이런 변화는 유엔 권고의 실질적 이행이며, 우리 사회가 진정한 포용으로 나아가는 첫걸음이 될 것입니다.

꿈이 바꾼 삶

"이 주사를 맞으면 곧 편해진대."

남편과 나는 아이들에게 먼저 주사를 놓고, 그다음 우리가 따라가기로 했다. 나에겐 마지막 순간까지 단 하나의 바람이 있었다. 아이들보다 단 1초라도 더 살아서 곁에 있어 주는 것.

나는 먼저 주사기를 들고 둘째에게 다가갔다.

방긋 웃고 있던 아이의 몸이 점점 굳어 가더니, 곧 차가워지기 시작했다.

그 순간, 나는 숨을 쉴 수 없었다. 눈물조차 나오지 않았다. 곧 나도 함께 갈 건데도, 놓아줄 수 없었다.

"아… 아까운 내 새끼… 내 아가… 엄마가 미안해… 안돼… 제발 가지 마…."

누가 목을 조르기라도 한 듯 숨을 쉴 수가 없다. 숨이 끊어지는 듯한 고통으로 몸부림쳤다.

꿈이었다.

"우리에겐 둘째가 있잖아."

남편과 내가 매일같이 주고받던 말이었다. 큰아이가 장애 진단을 받고, 끝이 보이지 않는 어둠을 헤맬 때, 둘째 아이가 우리의 희망이었다. 둘째는 발달이 빠르고 영특했다.

'혹시 이 아이도 첫째처럼 장애아가 되는 건 아닐까?'

불안이 마음 한구석을 내내 차지했지만, 이내 떨칠 수 있었다. 큰아이와는 성향이 완전히 달랐기 때문이었다.

불행히도 그 불안은 현실이 되어 우리를 덮쳤다. 큰아이가 퇴행을 시작하던 40개월 무렵부터 둘째 아이 또한 점점 변해 갔다. 나는 엄마이지만, 그저 바라볼 수밖에 없었다. 아무리 움켜쥐려 해도 손가락 사이로 빠르게 흘러내리는 모래알처럼, 아이의 퇴행을 잡을 수가 없었다. 그 무력감은 이내 공포가 되어 나를 지배했다. 나는 누구보다도 잘 알고 있었다. 자폐는 고쳐서 나을 수 있는 병이 아니라는 것을.

"우리 네 식구, 함께 세상을 떠날 수 있으면 좋겠어."

진심이었다. 남편을 설득했다.

"우린 희망이 없어. 이대로 사느니 떠나는 게 낫지 않을까?"

"우리가 없으면, 두 아이들은 어떻게 살아? 함께 세상을 떠나는 게 가장 행복한 길일지도 몰라."

네 식구가 함께 차를 타고 있을 때면 늘 기도했다.

'제발, 우리 이렇게 함께 떠날 수 있게 해 주세요.'

영화에서나 보던 장애인 부모의 삶이 내 것이 되었다. 나의 유일한 소원은 아이들보다 하루를 더 사는 것이었다.

그러던 어느 날 밤, 꿈을 꾸었다. 내 아이가 눈앞에서 사라져 가는 꿈. 아이보다 하루만이라도 더 살기를 소원했던 나를 비웃기라도 하는 듯, 꿈은 내게 현실을 깨닫게 해 주었다. 나는 아이를 단 1분도 먼저 보낼 수 없었다. 꿈에서조차도. 나는 아이들을 죽도록 사랑하는 어미였다.

그 후로, 나는 아무리 견디기 힘든 순간이 와도 삶을 포기한다는 말만큼은 하지 않기로 했다. 이 두 아이를 위해, 죽을 각오로 살아 내겠다고 결심했다.

꿈을 통해 나는 깨달았다. 이 세상 누구보다도 장애를 두려워했던 사람은 바로 '나'였다. 장애인과 장애인의 가족은 이 세상을 살아갈 가치가 없다고 생각한 내 마음속 깊은 혐오를 아프게 마주했다. 신께서 내 아이들에게 허락하신 고귀한 생명을 엄마라는 이유로, 내가 힘들다는 이유로 내 멋대로 끝낼 수 있다고 생각한 나의 오만함을 처절히 뉘우쳤다.

용기가 필요했다.

"죽을 용기가 없어서 사는 거야."

입버릇처럼 말하곤 했지만, 삶이야말로 더 큰 용기가 필요한 것임을 깨달았다. 나는 포기 대신, 버틸 용기를 선택했다. 아이들보다 하루 더 살기를 바라기보다, 아이들이 조금이라도 더 편하게 숨 쉬고, 웃으며, 사랑할 수 있는 세상을 만들기로. 아이들의 삶에 단 한 조각의 빛이라도 들 수 있도록, 나에게 주어진 시간을 살아 보기로 다짐했다.

나는 이제 이전의 내가 아니었다.

멋진 1등만이 되고 싶었던 사람이 완전히 다른 사람이 되었다. 아무도 관심 가져 주지 않는 소외된 아이들, 존재하지만 존재하지 않는 것처럼 취급되는 아이들에게 나는 그 누구보다 관심을 쏟는 교사가 되었다. 시험 점수 1점이라도 올리는 것이 중요했던 내가, 소외된 사람에게 따뜻한 사랑을 베풀 수 있는 심성의 제자를 기르는 것이 목표가 되었다. 그렇게 하루하루 나는 내 아이들을 보는 마음으로 제자들을 만난다. 내가 만나는 학생들이 곧 내 아이들이 살아갈 세상이자 미래이므로.

옆에서 자고 있던 아이를 얼른 끌어안았다. 힘껏 안았다. 눈물이 왈칵 쏟아졌다.

"하나님. 감사합니다! 감사합니다! 감사합니다!"

내 아이가 지금 숨 쉬고 있음이, 그저 감사했다. 떠나게 해 달라는 나의 기도는 그렇게 '감사'로 바뀌었다. 그리고 매일 '용기를 주세요'가 나의 유일한 기도 제목이 되었다.

나는 오늘도 희망을 품고 한 걸음씩 옮겨 본다. 내게 주어진 이 가파른 오르막길에 끝이 보이지는 않지만, 사랑하는 아이들의 손을 잡고 즐거운 노래를 부르련다. 오르다 굴러 떨어지고, 다시 오르기를 반복할지라도, 나는 아이들과 함께할 수 있는 이 삶을 뜨겁게 사랑한다.

노래 부르는 어린이

"수현아, 노래 한 곡만 불러 봐라."

어릴 적 할머니는 나만 보면 노래를 해 보라고 했다. 나는 수줍어서 몇 번 싫다고 했다가 마지못해 노래를 부르곤 했다. 입을 반쯤 벌린 채로 주름진 미소를 띠고 가락에 맞춰 박수를 치던 할머니의 모습은 평생 바래지 않는 사진처럼 내 기억 속에 선명하게 자리 잡고 있다. 무척 내성적이고 말수가 없었던 나는 부끄러워 얼굴이 빨개지기 일쑤였지만 나를 바라보던 할머니와 친척들의 표정 때문에 자꾸만 용기가 났다.

어른의 눈동자에 비친 나는 세상에서 가장 귀엽고 사랑스러운 존재였다. 어린이만이 누릴 수 있는 그 눈빛을 흠뻑 받으며 나는 내가 귀한 사람이라는 자존감을 세웠다. 어린 나에게 그 사랑은 공기처럼 흔하고 당연했다. 어른이 되어서야 알게 되었다. 세상의 모든 어린이가 사랑받지는 못한다는 사실을. 나는 그저 운이 좋은 존재로 태어났다는 것을.

자폐성 장애가 있는 딸, 연우는 일곱 살 되던 해 어느 날부터인가 노래를 부르기 시작했다. 머리를 꼬거나 제자리에서 빙글빙글 도는 상동 행동을 주로 하던 아이라 좋아하는 것이 생겨 엄마로서는 내심 반가웠다. 나는 그 나이 또래 아이들이 좋아하는 노래와 율동을 열심히 가르쳐 주었다. 연우는 아침에 일어나자마자 노래를 부르기 시작해서 (먹을 때를 제외하고는) 일상에서 자주 노래를 불렀다. 하지만 연우가 가진 자폐성 장애 특성상 노래를 부르는 것이 용인되지 않는 때와 장소를 가리기가 무척 어려웠다.

지하철, 은행, 학교 등의 공공장소에서는 노래를 부르지 않는 게 예의라는 걸 가르치는 게 큰 과제였다. 노래가 허용되는 장소가 나도 가끔 헷갈리긴 했다. 이를테면 옆 테이블과 거리가 꽤 떨어진 대형 카페에서는 소리를 좀 낮추어 노래를 부르는 게 허용되었지만, 사람들이 북적이는 비교적 작은 카페에서는 연우가 노래를 부르면 모든 사람들이 쳐다봤다. 어른인 나는 직관적으로 공간의 분위기와 허용 범위를 감지하지만, 자폐성 장애가 있는 연우에게는 어려운 과제였다. 갑자기 노래를 부르는 아이의 입을 틀어막을 수는 없는 노릇이니 당황스러운 상황이 종종 발생했다. 다행히 연우는 내가 집게손가락을 입술에 갖다 대고 "쉿!" 하면 노래를 멈춰 주었다. 몇 분 뒤 다시 노래를 시작하는 게 문제긴 했지만.

과연 카페에서 쫓겨난 경험을 해 본 사람이 몇이나 될까? 어느 날 우리 가족은 카페에서 빵을 먹다 쫓겨났다.

"손님들이 불편해하십니다. 죄송하지만 정리하고 나가 주세요."

그렇게 큰 소리로 부르지도 않았고, 아주 짧게 부르다 그쳤을 뿐인데. 노래를 부르지 말아 달라는 부탁도 아니고 나가 달라니? 게다가 어디서든 환영받아야 마땅할 일곱 살짜리 아이였는데. 미안한 기색이 전혀 없는 표정으로 나가 달라는 종업원의 말은 부탁이 아니라 명령에 가까웠다. 우리가 뭘 잘못했는데, 내 돈으로 빵과 커피를 샀는데 왜 나가야 하냐고 따져 묻고 싶었지만, 아이들에게 싸우는 모습을 보이고 싶지 않아서 그냥 나왔다. 시선을 다른 데 둔 채로 온 감각을 동원해 우리를 주시하고 있던 카페 손님들, 그 공간에 가득 차 있던 쌀쌀한 공기는 두고두고 잊히지 않았다.

그 후로 다른 장소에서도 여러 번 비슷한 상황을 만났지만 좀처럼 적응되지 않았다. 태어나 10년도 채 살지 않은 어린 생명에게 이토록 냉랭한 혐오라니. 단지 남들과 조금 다르다는 이유로 가장 사랑받아야 할 시기에 시선의 폭력에 무방비로 노출되는 내 아이가 가여워 견딜 수가 없었다. 마음껏 노래를 부르게 하고 싶어 산에 자주 갔다. 사람들의 시선을 피해 해가 지면 공원으로 나가기도 했다. 지금은 노래를 부르지 않지만, 그때 산과 공원에 울려 퍼지던 아이의 노랫소리가 지금도 귀에 쟁쟁하다. 아이를 바라보며 흘렸던 나의 절절한 눈물과 막막한 절망감은 시간이 지나며 조금씩 흐려졌다. 하지만 잊지 않은 것이 있다. 나는 아이들을 키우며 처음 알았다. 세상에는 환영받지 못하는 어린이도 있다는 것을.

유아 수험생

　내 나이 또래 평범한 사람이라면 누구나 그렇겠지만, 어린 시절을 떠올리면 하루 종일 놀았던 추억에 흐뭇한 미소를 짓게 된다. 나는 집집마다 아이들이 둘 이상씩 있는 작은 아파트에 살았다. 또래 아이들과 고무줄놀이, 무궁화꽃이 피었습니다, 숨바꼭질, 소꿉놀이, 땅따먹기 등 갖가지 놀이를 돌아가며 하다 보면 금세 해가 졌다.
　"수현아! 빨리 들어와서 씻고 저녁 먹어!"
　어둑해질 무렵 엄마가 베란다 창문을 열고 소리치면 놀이를 그만두기가 얼마나 아쉬웠는지 모른다. 내일 나가서 또 놀 텐데도 말이다. 한여름이면 매일 모래사장과 바다를 뛰어다니며 피부가 벗겨지도록 놀던 기억도 있고, 어느 지루한 겨울날에는 돌과 나뭇가지를 모아 집을 짓고 놀기도 했다. 어제 했던 일도 자주 잊곤 하는 40대 중반의 나이에 30년도 넘은 어린 시절의 기억이 이토록 선명한 까닭은 무엇일까? 아마도 하루 종일 노는 것이 삶의 전부인, 어린이의 특권을 마음껏 향유한 시절이었기 때문이 아닐까?

　내 아이들은 과연 어린 시절을 어떻게 기억할까? 네 살 때 장애 진단을 받은 이후로 연우는 마치 고 3 수험생처럼 살았다. 입시라는 목표를 위해 모든 것을 미루고 희생하는 게 당연히 여겨지는 것처럼, '치료'라는 목표를 위해 어린이로서의 놀이와 일상을 포기하는 게 마땅했다. 아침부터 저녁까지 치료 일정이 꽉 차 있었다. 매일 이 센터에서 저 센터로 이동하며 언어, 인지, 감통(감각 통합 치료), 놀이, ABA 등 갖가지 치료를 받았다.

　집중적인 치료를 받으면 마치 몹쓸 '자폐병'이 없어지기라도 할 것처럼 치료를 위해 모든 것을 희생했다. 치료 스케줄에 치여 끼니도 간편식으로 때웠고, 자가용에 태워져 이리저리 옮겨졌다. 치료가 없는 시간조차도 늘 연습과 훈련을 하며 지냈다. 어쩌다 치료가 싫다고 울며 거부라도 하면 엄마는 하늘이 무너진 표정으로 우울에 빠졌다. 그런 엄마를 위해서라도 아이는 치료실에서 잘 버텨야 했다. 어느 날 병원에서 장애 진단을 받은 이후로 영문도 모른 채 엄마 손에 끌려다니며 남들과 다른 어린 시절을 보낸 것이다.

　자신으로 인한 걱정과 두려움에 삶을 빼앗긴 엄마와 매일 살아야 하는 아이는 어떤 기분일까? 아이에겐 엄마가 전부인데, 엄마를 통해 자신과 세상을 보는 아이는 불안한 렌즈로 모든 걸 보았을 것이다. 하루 종일 "안 돼", "하지 마."

라는 말만 듣고 사는 아이의 기분은 어떨까? 자신의 모든 행동이 '고쳐야 할', '치료해야 할', '없어져야 할' 문제 행동이 되어 버리는 아이가 하루하루 어떻게 버텼을지 생각하면 죄책감과 안쓰러움에 가슴이 먹먹해진다. 수험생처럼 빡빡한 일상을 살며, 사랑이라는 이름으로 포장된 자신을 향한 동정과 연민, 희생의 손길에 숨이 막혔을지도 모른다. 나라면 버티지 못했을 것이다. 그래서 어린 시절 연우는 그렇게 울었나 보다. 나는 우는 연우를 안고 병원과 치료실을 전전하다 결국 사이비 치료까지 기웃거렸다. 그렇게 내 아이는 어린 시절을 송두리째 빼앗겼다.

다섯 살의 연우에게

"어? 저기 강아지 간다!"

"저기 강아지 또 있다! 귀엽다!"

다섯 살 조카의 손을 잡고 걷는 산책길. 종알거리는 아이의 목소리를 들으니 자연스럽게 다섯 살 때의 연우가 떠올랐다.

"저기 봐! 버스 지나간다."

"저기 봐! 강아지 간다."

나는 연우의 손을 잡고 걸으며 끊임없이 이런 말을 내뱉었다. 당시 아이가 다니던 조기 교실(수백만 원의 돈을 내고 매일 일정한 시간 동안 치료를 받는 곳)에서는 아이의 언어가 터지려면 '택트'를 할 수 있어야 한다고 했다. 말을 처음 배우기 시작한 아이들은 눈앞에 보이는 것을 단어로 표현하는데, 이게 바로 '택트'이다. 이는 단순히 아는 단어를 말하는 게 아니라, 경험한 것을 언어로 표현하고자 하는 시도이다.

자폐 아이들은 또래와 다르게 택트를 잘 하지 않기 때문에 양육자가 평소에 택트를 유도하는 노력을 하는 게 중요하다고 했다.

나는 매일 연우와 걸으며 보이는 사물의 이름을 소리쳤다. 가뜩이나 말수가 적은 내가 아이의 수준에 맞춰 발랄한 목소리로 끊임없이 말을 하는 건 어렵고 부자연스러웠다. 더구나 반응이 거의 없는 자폐 아이에게 말을 한다는 것은 날마다 내가 무너지는 일이었다.

"으악! 여기 봐! 벌레가 있어!"

내가 호들갑스럽게 외쳐도, 아이는 벌레를 보지 않았다.

"연우야, 여기 봐. 나무에 꽃이 피었어. 너무 예쁘지!"

벚꽃이 만발한 길에서도 아무리 꽃이 예쁘다고 말해도 연우는 허공을 응시할 뿐이었다. 아이의 시선을 벚꽃에 한 번이라도 맞춰 보려고 안아 들었지만, 눈앞에 꽃을 들이대도 반응이 없었다. 아이의 텅 빈 눈동자를 보며 울부짖고 싶은 마음을 꾹 삼켰다.

두려웠다. 눈을 뜨고 있어도 보지 못하고, 말하지 못하는 아이로 영원히 살게 되는 건 아닐까. 오늘 내가 아이에게 충분히 말하지 못해서 아이가 말을 못하는 걸까. 내가 부족해서, 내가 더 노력하지 않아서 아이가 사물을 보지 못하는 걸까. 나는 날마다 좌절하고 자책했다.

내 아이들은 이제 10대가 되었고, 나는 그동안 내가 할 수 있는 모든 노력을 다했다. 아이들은 여전히 택트를 하지 않는다. 자신이 꼭 필요한 말 외에는 행동으로 먼저 표현한다. 예를 들면 어딘가에 가고 싶다는 표현으로 지하철역 쪽으로 몸을 민다든지, 하고 싶은 말을 잘 표현하지 못하면 상대의 팔을 잡아당긴다. 그 행동이 때때로 사회적으로 용인되지 않거나 타인에게 피해를 줄 수도 있어, 아이들을 가르치는 데 또 다른 노력이 필요하다.

우리 아이들은 그저 장애가 없는 아이들과 완전히 다른 방식으로 세상을 보고, 다른 방식으로 생각하고, 다른 방식으로 표현한다. 일반적인 발달 단계와 속도를 따르는 부분도 있지만, 아닌 부분이 더 많다. 이런 아이의 특성과 속도에 맞추어 적절히 필요한 자극과 도움을 주어야 하는데, 나는 끊임없이 일반적인 기준에만 맞추어 노력하고 좌절하기를 반복했다.

다섯 살의 연우는 어땠을까? 조카를 보며 문득, 그때의 연우를 다시 떠올려 본다.

하루 종일 차를 타고 이곳저곳을 옮겨 다니며 치료받고, 집에 오면 엄마가 우울한 얼굴로 또 치료실에서 배운 것들을 훈련시키려 했다. 연우는 스스로 보고, 느껴 볼 여유조차 없었을 것이다. 자신이 무엇에 관심이 있는지도 알기 전에, 엄마가 먼저 이것저것 가리키며 소리쳤다. 그런 엄마의 모습이 재미있을 리 없었다. 어쩌면 하루 종일 어려운 공부를 강요받는 기분이었을지도 모른다.

다시 돌아갈 수 있다면, 지금의 깨달음을 안고 그때로 돌아갈 수 있다면, 나는 '자폐'라는 단어에 얽매이지 않고 아이와 함께 평범한 일상을 살고 싶다. 비장애 아이들의 부모처럼 놀이터에 가고, 여행도 다니면서 그저 자연스럽게 세상을 경험하도록 해 주고 싶다. 치료실이 아니라, 세상 속에서 배우도록. 물론 여전히 사람들의 차별적인 시선과 맞닥뜨릴 것이고, 마음이 무너지는 순간도 있겠지만, 예전처럼 힘들지는 않을 것이다. 왜냐하면 이제 나는 알고 있으니까. 치료실 안에만 있어서는 언어도, 사회 기술도 배울 수 없다는 것을. 우리 아이들은 세상 속에서, 사람들과 부딪히며 더 많이 배운다는 것을. 그리고 세상도 우리 아이들에 대해 배워야 한다는 것을. 이제는 너무나도 잘 알게 되었으니까.

내가 그때로 돌아간다면

"똑바로 봐!" "예쁜 눈!" 하고 소리치는 대신,
네가 무엇을 보고 있는지, 무엇에 관심이 있는지 나도 함께 바라볼 거야.
"그렇게 째려보면 친구들이 싫어해."라는 말 대신,
너의 깊고 까만 눈동자가 얼마나 매력적인지,
옅은 쌍꺼풀이 있는 너의 눈이 얼마나 예쁜지 말해 줄 거야.
"아홉 살인데 아직도 숫자를 몰라."라는 말 대신,
네가 세상을 힘껏 살아 내느라 숫자 따위에 신경 쓸 여력이 없다는 것을,
네가 살아가기 위해 얼마나 애쓰고 있는지 알아줄 거야.
네 앞에 얼마나 많은 날들이 남아 있는지,
네가 얼마나 많은 가능성을 품고 있는지,
결국엔 숫자를 아는 것뿐만 아니라 더 귀한 일들을 해 낼 수 있는 사람이란 걸 말해 줄 거야.

"같은 말 반복하지 마."라는 말 대신,

너에게는 모든 것이 새롭고 신기하다는 걸,

내게는 반복처럼 들려도 너에게는 그것이 중요한 위안이라는 걸 이해해 줄 거야.

마치 내가 때로는 다리를 떨면서 안정감을 찾듯,

너도 같은 말을 반복하며 자신만의 평화를 찾고 있다는 걸 알아줄 거야.

"쉿, 조용히 해." 하며 구석으로 자리를 잡기보다는,

사람들 앞에서 당당히 "우리 아이 참 예쁘지요."라고 말하며

너를 자랑스러워할 거야.

언어, 인지, 놀이, 감통 치료실로 하루 종일 너를 데리고 다니며,

'이만큼 했으니 너도 발달해야 해.'라는 무언의 압력을 주기보다는

너와 함께 자연스럽게 일상을 살며,

이 세상 누구나 결핍과 어려움을 안고 산다는 걸 알려 줄 거야.

치료실 시간 맞춘다고 인스턴트 음식으로 끼니를 때우기보다,

함께 건강하고 맛있는 음식을 만들어 먹고,

자가용에 태워 이리저리 짐짝처럼 이동시키기보다는

지하철이나 버스를 타고 세상을 느끼며 대화할 거야.

하지만 지금이라도 알아서 다행이야.

너와 함께 살아온 날들보다 살아갈 날들이 더 많이 남아서 다행이야.

네가 나의 아이라는 것이 내게 더없는 행복인 것처럼,

내가 너의 엄마라는 사실이 너에게 행복이면 좋겠어.

네가 매일 티 없이 웃어 주는 모습이 엄마에게 잘하고 있다고 말해 주는 것 같아. 고마워.

우리 앞으로도 행복하게 살자.

- 너의 열한 살 생일에 엄마가.

You make me a better person.

함께하는 손길

"어머니, 연우 줄넘기 클럽 한번 다녀 보는 게 어때요?"

딸아이의 활동 지원사 선생님이 조심스럽게 물었다.

"저도 보내고 싶죠. 하지만 우리 아이를 받아 주지 않아요."

수없이 거절당한 일을 떠올리며 나는 체념한 듯 담담하게 답했다.

"그랬군요. 일대일 수업도 좋지만, 또래들과 함께하는 경험도 필요할 텐데요. 그럼 이번엔 제가 한번 가서 부탁해 볼까요?"

"소용없어요, 선생님. 수강료를 더 낸다고 해도 안 받아 주더라고요. 이 동네는 아이들이 많아서 그런가 봐요."

"걱정 마세요. 한번 물어봐서 나쁠 건 없잖아요. 그리고 저는 거절당해도 상처 안 받아요."

선생님이 찡긋 눈웃음을 지어 보이며 말했다.

나는 사실 조금도 기대하지 않았다. 어린이들이 넘쳐 나는 신도시에서, 학원들은 이미 많은 수강생을 관리하는 데 지쳐 있었다. 그런데 손이 더 가는 자폐 어린이를 받아 줄 리가 있을까. 그럼에도 불구하고 지난 몇 년간, 아이가 조금이라도 성장했다고 느낄 때마다 나는 용기를 내 학원의 문을 두드렸다. 냉담하거나 난감해하는 표정을 보며 〈이상한 변호사 우영우〉 같은 드라마 열풍도 바꾸지 못한 현실을 실감했다.

"어머니! 연우 줄넘기 클럽 다니기로 했어요. 일단 한 달만 해 보려고요."

연우와 함께 줄넘기 클럽을 다녀온 선생님이 명랑한 목소리로 말했다.

"거기 작년에 제가 갔을 때 안 된다고 했는데, 대체 어떻게 하신 거예요?"

"밖에서 제가 대기하면서 지켜보기로 하고, 일단 한 달만 해 보면 안 되냐고 부탁했더니 된다고 하던데요?"

한 달만 해 보기로 했지만, 연우는 벌써 1년 넘게 꾸준히 다니고 있다. 비록 일주일에 한 번 수업이지만, 선생님이 집에서 함께 줄넘기 연습을 자주 시켜 주었다. 이제는 제법 어려운 동작도 거뜬히 해내는 연우의 모습을 보며 가슴이 뻐근한 감동이 밀려왔다.

한번은 메시지 알림 소리에 전화기를 보니 선생님이 보낸 영상이 있었다. 화면 속에는 하굣길에 친구들과 팔짱을 끼고 웃으며 걸어가는 연우의 모습이 담겨 있었다. 나는 영상을 몇 번이고 반복해 보았다. 내가 없는 곳에서도 활짝 웃고 있는 연우를 보니, 왠지 모를 죄책감으로 엉켜 있던 가슴이 뻥 뚫리는 것 같았다.

'선생님 덕분에 제가 마음 놓고 일할 수 있어서 항상 감사드려요.'

나는 기회가 있을 때마다 선생님께 고마움을 표현하려고 노력한다. 언젠가 선생님이 했던 말이 잊히지 않는다.

"이제 연우는 제가 정성껏 돌볼 테니, 어머니는 걱정 마시고 학교에서 아이들 열심히 가르치세요."

나는 7년간 휴직했다. 만약 좋은 활동 지원사를 만나지 못했다면, 복직할 엄두도 내지 못했을 것이다. 복직을 결정하는 일은 쉽지 않았다. 장애가 있는 아이를 남에게 맡기고 다른 아이들을 가르치러 나가는 것이 옳은 선택일지 고민스러웠다. 지금은 내 선택에 스스로 박수를 보내고 싶다. 아이의 장애로 인해 우울했던 시간을 지나, 이제는 학교에서 어려움을 겪는 많은 학생들을 이전과 다르게 세심히 보듬을 수 있는 교사가 되었기 때문이다.

엄마인 나뿐만 아니라 연우에게도 변화가 찾아왔다. 좋은 활동 지원사를 만나면서 연우의 세계는 더 넓어졌다. 엄마가 아닌 다른 사람과 친밀한 관계를 맺는 법을 배웠고, 부모와 함께하는 시간도 더 소중히 여길 줄 알게 되었다.

선생님은 "저는 거절당해도 상처 안 받아요."라며 웃었지만, 사실 나는 엄마로서 상처받을까 두려워 감히 못 했던 일들을, 선생님은 훨씬 더 용기 있게 해내고 있었다. 연우가 같은 반 친구들에게 다가갈 수 있도록 돕기도 했고, 약속을 만들어 동네에서 함께 놀 기회도 만들어 주었다. 그 덕분에, 어느새 이웃들과 반갑게 인사를 나누는 연우를 보며 선생님이 그동안 아이와 함께 다니며 얼마나 애써 주었는지 느낄 수 있었다.

일하지 못하고 아이 곁에만 머물던 7년의 시간이 문득 떠올랐다. 아이의 작은 실수와 잘못에도 가슴이 덜컥 내려앉고, 퇴행하는 모습을 보며 쉽게 지치고 상처받았던 그 시절. 만약 내가 복직하지 않았다면, 내 안의 억눌린 자아와 싸우느라 연우를 줄넘기 클럽에 보내지도, 이웃들과 밝게 인사를 나누게 하지도 못했을 것이다. 나는 우리 가정에 웃을 수 있는 일상을 회복시켜 준 선생님께 감사한다. 아이를 함께 키워 줄 누군가가 옆에 있다는 사실이, 세상의 거절과 차별로 얼어붙었던 내 마음에 온기를 불어넣어 주었다. 아이도, 나도, 우리를 든든히 돕는 이 덕분에 동굴 밖으로 나와 다시 세상을 만났다.

이렇게 고마운 분도 영원히 내 곁에 머물지 않는다는 것도 이제는 경험으로 잘 안다. 언젠가 떠날 사람이라도 한때 주었던 그 진심 덕분에 내가 살아 있음을 잊지 않으려 한다. 영원하지 않다고 해서 그 진심이 사라지는 것은 아니다. 그 순간의 진심을, 나는 영원히 기억하며 살아갈 것이다.

지금 나와 내 가족 곁에 있는 이들뿐만 아니라, 과거에 우리와 함께했던 모든 이들에게도 감사한다. 나도 누군가에게 영원한 사람이 되어 줄 수는 없겠지만, 가장 어려운 순간, 손을 내밀어 줄 수 있는 사람이 되고 싶다. 그것이 갚을 수 없는 은혜를, 조금이나마 갚는 길이 아닐까.

진짜 기도

"주님, 이렇게 예쁜 아이에게 왜?"

어느 날 내 딸의 사진 밑에 달린 댓글을 보고 내면에서 잠자고 있던 반발심이 불쑥 일어나 펄떡거렸다. 살기 위해 어렵게 잠재워 둔 기억이 거센 물살에 휩쓸리듯 의식 위로 올라왔다.

"괜찮아요. 기도하면 주님이 고쳐 주실 거예요."

"하나님이 자매님을 너무 사랑하셔서 자녀를 통해 훈련시키시는 거예요."

"기도를 좀 더 열심히 해 봐요. 금식을 하든가, 기도원에 들어가든가."

"연우, 정우가 회복되기만을 기도해요."

"하나님이 아이들을 통해 기적을 보여 주실 거예요."

"아이들은 죄가 없죠. 부모나 조상의 죄 때문에 그런 거니까, 조상의 죄까지 회개해야 해요."

나를 돕거나 위로하려는 선한 사람들의 마음에는 늘 하

나의 전제가 있었다. 우리 아이들은 '고침을 받아야 할 병적인 상태에 놓인 것'이라는 전제다. 누구의 죄 때문에 잉태된 재앙, 혹은 사명이 있는 어미를 훈련시키기 위한 수단으로 존재한다는 그들 나름의 신앙이다.

내가 아는 신은 누구의 죄 때문에 어린 생명을 벌하거나 누구를 훈련시키기 위해 사람을 희생시키지 않는다. 우리 아이들도 개별적인 인간으로 신에게 사랑받는 존재라는 사실을 설득하기는 어려웠다. 똑똑하고 부유하고 편안한 상태가 이 세상에서의 '축복'이라는 절대적인 기복 신앙 앞에 '장애'는 형벌이 아니라는 설명이 통할 리 없다. 말해 봤자 믿음이 부족한 사람밖에 안 된다.

성경에도 사람들의 인식을 반영한 구절이 나온다.

> 제자들이 예수께 물었다.
> "선생님, 이 사람이 눈먼 사람으로 태어난 것이, 누구의 죄 때문입니까? 이 사람의 죄입니까, 부모의 죄입니까?"(『요한복음』 9:2, 새번역).

제자들은 당시 유대 사회에서 흔히 있었던 '고난은 죄의 결과'라는 사고방식을 반영해 질문을 던졌고, 예수님은 이에 대해 "이 사람이나 그의 부모의 죄 때문이 아니라 하나님의 일이 그에게서 나타나게 하려는 것이다."라고 답했다.

종교 이야기를 하려는 것은 아니다. 내 아이들이 흔하게 받는 시선이 부당하다고 외치고 싶다. 그 누구도 누군가가 지은 죄의 대가, 노력이 부족한 상태의 결과물, 회복되어야만 하는 존재라는 시선을 받아야 할 이유는 없다.

함께 일상을 살아 보면 알게 된다. '장애'도 세상의 기준에나 장애지, 아이 안에는 창조자의 놀라운 질서와 사랑이 깃들어 있다는 것을. 한계를 극복하고 더 나아져야만 하는 존재가 아니라 존재 그 자체가 신의 뜻이라는 것을.

아이들의 상태에 마음 끓이고 신의 뜻과 맞지 않는 기도에 매달리기보다는 신께서 내게 허락하신 존재와 사랑에 더 집중하며 하루하루를 살고 싶다. 나는 경제적 풍요나 내 아이들의 회복을 위해 기도하지 않는다. 사랑하며 사는 것, 어두움에 깃든 신의 빛을 발견하며 가장 낮은 곳에 임한 신의 뜻을 따르는 것, 그것이 진짜 기도요, 예배라고 나는 믿는다.

채비

　내가 만약 오늘 시한부 선고를 받는다면, 나는 앞으로 남은 날을 무엇을 하며 지내게 될까? 누구나 한 번쯤은 이런 질문에 대한 답을 생각해 보았을 것이다. 그런데 만약 당신에게 아이가 있다면? 그리고 그 아이가 발달장애인이라면 어떨까?

　영화 〈채비〉에는 위와 같은 이야기가 등장한다. 뇌종양으로 살아갈 날이 몇 달 남지 않은 엄마는 발달장애가 있는 아들이 홀로 살아갈 날이 걱정이다. 엄마 없이는 밥 한 끼도 스스로 해결하지 못하는 아들의 '홀로 서기 프로젝트'를 시작한다. 양치질, 머리 감기, 면도, 요리, 버스 타기 등 혼자 살기 위해서는 일상에서 스스로 해야 할 것이 무수히 많다.

　〈채비〉를 처음 봤을 때 첫째 아이가 여섯 살이었다. 자폐 스펙트럼 진단을 받은 지 2년이 채 지나지 않은 때였다. 매일 아이의 치료에 허덕이느라 당장 내일의 일도 생각할 여력이 없었던 때, 아이의 미래를 상상이나 해 봤을까? 나는 영화를 보고 적잖은 충격을 받았다. 장애 진단을 받으면 성인이 되어도 장애인으로 살아가는 것이 당연한데, 그때 나는 한 번도 성인이 된 자녀의 모습을 생각해 보지 못했다. 성인이 되면서 내가 자연스럽게 스스로 해결했던 수많은 일들을 영화 속 발달장애인이 하지 못하는 모습이 나를 거세게 흔들어 깨웠다. 그 모습이 내 아이의 미래라는 게, 서른 살이 되어도 먹고 입는 것을 스스로 해결하지 못하는 모습이 내 아이의 미래라는 게 몸서리나게 싫었다. 치료비로 수백만 원을 지불하고 있는데, 결국 샴푸로 이를 닦고 통조림을 전자레인지에 넣어 버리는 모습으로 살아야 한다니! 눈감는 순간까지 아들의 계란프라이를 걱정하다니, 그렇다면 지금 하는 치료와 교육이 다 무슨 소용이 있을까?

영화를 보고 난 뒤, 나는 처음으로 아이의 미래에 대해 진지하게 생각하기 시작했다. 처음엔 절망감에 사로잡혀 지금 하고 있는 모든 노력이 헛수고가 아닐까 두려웠다. 시간이 흐르며 아이와 함께하는 하루하루를 차분히 되짚어 보면서 나는 서서히 다른 결론에 도달하게 되었다.

우리는 모두 어쩌면 자신의 '평범한 일상'을 너무나 당연하게 여기며 살고 있는지도 모른다. 발달장애가 있는 아이를 키우면서, 나는 아이가 하루하루 이루어 내는 작은 성공이 얼마나 크고 값진 것인지를 깨달았다. 아이가 수개월간의 노력 끝에 스스로 숟가락을 잡고 밥을 먹었을 때, 몇 년의 반복 학습 끝에 처음으로 글을 읽게 되었을 때, 천천히 스스로 할 수 있는 것이 늘어 갈 때마다 그 모든 순간이 나에게는 세상을 다 얻은 듯한 기쁨이었다.

물론 이 아이가 성인이 되어 혼자 살아갈 수 있을지에 대해서는 여전히 두려움이 남아 있다. 나는 이제 걱정 대신 '오늘 아이가 해낸 작은 성장'을 믿기로 했다. 미래를 미리 결정짓고 불안해하는 대신, 나와 아이가 지금 하는 노력이 아이의 삶을 조금씩, 하지만 분명히 바꾸고 있다는 걸 인정하기로 했다. 어쩌면 치료와 교육의 궁극적 목적은 완벽한 독립이 아니라, 스스로 노력하고 배우는 기쁨을 아는 사람이 되는 것 아닐까. 필요할 땐 도움도 요청하고, 누군가와 서로 돕고 살아갈 수 있다면 독립적인 삶이라 할 수 있지 않을까? 아무런 연결 없이 홀로 사는 것이 진정한 독립은 아닐 테니 말이다.

내가 오늘 시한부 선고를 받는다면, 나는 남은 날들을 지금과 다를 바 없이 아이와 함께 소소한 일상에서 행복을 찾으며 지낼 것이다. 아이에게 더 많은 삶의 기술을 가르치기 위해 무리하게 서두르기보다는, 아이의 하루하루가 사랑과 존중 속에서 행복할 수 있도록 최선을 다할 것이다. 이것이야말로 진정한 채비가 아닐까? 내가 떠난 후에도 이 아이가 행복할 수 있도록, 함께 웃고, 함께 울고, 함께 살아가는 방법을 남겨 주는 것 말이다.

그날 이후로 나는 〈채비〉라는 영화를 통해, 결국 우리 아이들에게 필요한 진정한 준비는 완벽한 독립이 아니라, 더불어 살아가는 방법을 배우는 것임을 깨달았다. 불확실한 미래에 대한 두려움이 일상의 행복을 삼키려 할 때마다 나는 늘 되새긴다. 불안정 속에서도 일상을 살아갈 수 있는 힘, 그것이야말로 내가 아이들에게 가장 전하고 싶은 유산이라는 것을.

내가 꿈꾸는 아이의 미래

"하하하. 저거 우리 연우랑 똑같네."

〈이상한 변호사 우영우〉의 주인공이 타인과 악수를 할 때, 손가락만 소심하게 잡았다 떼는 모습을 보고 남편과 나는 폭소를 터뜨렸다. 포옹을 불편해하는 우영우의 모습이, 안아 주려 하면 엉덩이를 쭉 빼고 밀어내는 우리 딸과 꼭 닮았다. 그 외에도 남들이 스치고 지나가는 장면에도 눈을 동그랗게 뜨고 과하게 놀라는 표정, 즉각 반향어를 하다가 상대의 눈치를 살피는 모습, 어색한 손동작, 껑충거리는 듯한 걸음걸이는 나에게 아주 익숙한 모습이다.

자폐적 특징을 여실히 드러내는 이런 특성들은 한때 내가 무척 싫어했던 딸의 모습이다. 가능하면 소거시키려고 애썼다. 우영우와 같은 이런 모습들이 심해지면 아이의 상태가 나빠지는 것 같아 불안했고, 조금이라도 사라지면 아이가 성장했다고 여겨 기뻐했다.

자폐성 장애가 있는 딸의 특징이 비장애인이 주류인 세

상에서 별로 환영받지 못한다는 것을 잘 알고 있기 때문이었다. 비장애인들은 딸의 자폐적 특성에 당황하고 불편해한다. 안아 주려고 다가가면 밀어내는 모습, 악수를 하면 재빨리 손을 빼내려 안간힘을 쓰는 딸의 모습에 당황한다. 자신의 말을 앵무새처럼 따라 하거나 질문에 엉뚱한 대답을 하면 불편해한다. 엄마인 나도 딸의 이런 모습들이 예쁘지만은 않았다. 사람들의 시선을 따라 나도 덩달아 안절부절못하던 시절이 있었다.

사람들의 일반적인 시선과는 다르게 드라마 속 우영우는 사랑스럽게 묘사되었다. 현실 세계에서 비장애인과 달라 눈총을 받는 특이한 행동도 드라마에서는 귀엽고 사랑스럽게 녹여 내는 것이 감탄스러웠다. 자폐인 자녀를 둔 나마저도 마뜩하지 않았던 행동들을 이토록 매력적으로 그려 주다니 정말 고마웠다. 아이가 어떤 특이한 행동을 하든, 장애를 떠나 사람 그 자체로 인정과 존중을 받아야 함을 다시 한번 깨닫게 해 준 드라마였다.

그런데 과연 우영우를 사랑하는 대중들도 나와 같은 생각을 했을까? 우영우가 장애가 있다는 이유로 부당한 대우를 받고 힘들어하는 모습을 보며 속상해하던 시청자들이 과연 주변의 장애인들이 현실에서 경험하는 차별에 안타까워하고 있을까?

전장연(전국장애인차별철폐연대)의 지하철 시위에 대중들

이 보였던 반응을 기억한다. 30분 지체된 자신의 출근길 때문에 30년 이상 이동권을 박탈당한 장애인들의 울부짖음에 냉소와 비난을 퍼붓던 승객들의 모습에 경악했다. 그들에게 우영우는 자신의 삶에 조금도 해를 끼치지 않고 오히려 즐거움을 주니 사랑하는 것이 당연하고, 지하철 시위는 당장 나를 불편하게 하니 응징하는 것이 마땅했다. 우영우의 반향어나 말투는 귀엽다고 흉내까지 내면서, 식당에서 독특한 말투로 말하는 우리 딸은 곱지 않은 시선으로 힐끔거린다. 현실 속 장애인에게는 관심이 없는데, 드라마는 한 회도 놓치지 않고 열광하는 모습에서 대중의 이중성과 미디어의 한계가 드러났다.

내가 장애가 있는 아이를 키우면서 가장 힘든 점은 아이의 장애 자체가 아니었다. 물론 아이의 장애를 인정하고 받아들이는 게 힘들었지만, 아이는 아이만의 속도로 성장해 가면서 순간순간 기쁨을 주었다. 그런데 내가 아무리 아이를 사랑과 정성으로 키운다 해도 집 밖으로 나가면 내 아이는 이 사회의 천덕꾸러기일 뿐이었다. 가까운 놀이터를 가는 것도 여전히 쉽지가 않다. 독특한 말과 행동을 하는 내 아이를 사람들은 이상하게 보고 슬금슬금 피한다. 어떤 엄마들은 아예 자기 아이를 우리 아이 옆에 접근도 못 하게 한다. 학교도 마찬가지다. 조금 느리거나 튀는 행동을 한다는 이유로 참여시켜 주지 않는 학교 행사, 아이가 아무것도 못할 거라고 지레 평가하는 교사들, 학교와 교사로부터 자연스럽게 차별과 배제의 마음을 배우는 학생들….

　우영우는 법정에서 자신이 자폐성 장애를 가졌다고 당당히 말하며 양해를 구한다. 주변 사람들에게도 자신의 자폐적 특성을 설명하고 이해를 구하는 장면이 나온다. 드라마 속 인물들은 점차 우영우를 이해하고 사랑하며 더불어 살아간다. 나는 우영우가 자신의 장애에 대해 당당히 말할 때마다 내 아이의 장애를 외쳐야 했던 수없는 날들이 떠올랐다. 영화 〈말아톤〉에서 대중이 눈물을 멈출 수 없게 만든 대사 "우리 아이에게는 장애가 있어요."는 장애인의 엄마라면 누구나 일생 동안 수백, 수천 번 하게 되는 말이다. 그러나 우영우와는 달리 당당하게 할 수 있는 말이 아닐 경우가 대부분이다. 영화 속 초원이의 엄마가 20년 동안 죄인처럼 살았다고 말했듯, 마치 죄인이 용서를 구하듯 해야 하는 말이다. 과연 무엇이 초원이와 엄마를 죄인으로 만들었을까?

　드라마 속 우영우처럼 내 아이에게도 자연스럽게 친구와 이웃이 생길 수 있을까? 우영우처럼 근사한 직업은 아니더라도 자신이 가진 능력을 발휘하며 스스로 경제적 자립을 이룰 수 있는 날이 올까? 죄인이 용서를 구하듯 하는 게 아니라, 어깨 펴고 당당하게 자신의 장애를 말할 수 있는 날이 올까? 그런 날은 누가 어떻게 만들어 가야 하는 걸까?

　나는 장애와 비장애의 경계를 넘어 누구나 이 땅에서

소중한 존재로 존중받고 살아갈 수 있는 사회를 꿈꾼다. 그런 사회는 장애인들이 만나는 제한된 사람들, 가족, 치료사, 의사, 교사뿐만 아니라 동시대를 살아가는 우리 모두가 함께 만들어 가야 할 것이다. 이를 위해서는 〈이상한 변호사 우영우〉 같은 드라마를 통해 대중의 인식을 조금씩 바꾸는 것도 좋지만, 좀 더 현실적인 인식 개선의 기회가 많아져야 한다.

　우선 비장애인과 장애인이 자연스럽게 만날 수 있는 기회가 많아야 한다. 통합 교육을 통해 학교에서 학생들이 장애가 있는 학생들을 만나지만, 물리적 통합에만 머무는 경우가 많다. 시스템을 보완하고 통합 교육 지원 인력을 확충해 실질적 통합이 이루어지도록 해야 한다. 교육으로만 끝나는 것이 아니라 직장에서도 장애인을 자연스럽게 만날 수 있어야 한다. 현재 장애인 의무 고용제가 있지만, 미이행 업체가 더 많은 것이 현실이라 좀 더 강력한 대책이 필요하다. 또한 일반 시민들에게는 평생교육 기관을 통해 누구나 장애인을 만나고 자연스럽게 더불어 살아갈 수 있는 기회가 마련되면 좋겠다. 교육의 기준을 비장애인에게만 맞출 것이 아니라 장애인이 우리 사회에서 더불어 살아가는 데 필요한 평생교육 프로그램도 많아지기를 바란다.

　"하하하, 우리 연우가 직장 잘 다녀왔어."

　드라마 속 우영우를 보고 웃던 남편과 내가, 이런 대화를 하며 웃을 수 있는 날이 오면 좋겠다. 자폐성 장애가 있는 우리 아이도 드라마의 우영우처럼 직장 동료들과 환하게 웃는 날이 오기를 간절히 바란다.

내 아이를 위한 학교

2장

보이지 않는 아이

"아이가 이상해요. 말은 하는데 대화가 잘 안 돼요. 같은 말을 반복하면서 놀아요. 놀이터에서 보면 또래랑 뭔가 다른 것 같은데, 뭐가 문제인지 잘 모르겠어요. 병원에서는 이상이 없다고 하는데 아무래도 발달에 문제가 있는 것 같아요. 제가 뭘 하면 좋을까요?"

휴직 중이던 나는 강릉에서 지내며 지역 맘 카페에 두서없는 글을 올렸다. 반가운 댓글이 달렸다.

"저희 아들도 똑같았어요. 저도 정보가 부족해서 혼자 공부하면서 아이를 키웠어요. 제가 봤던 책을 나눔해 드리고 싶어요."

우리는 집 근처의 한 카페에서 만났다. 단정하고 수수한, 언니 같은 분이었다. 그녀는 아들이 중증 자폐 증상을 보여 직접 책을 읽고 공부하며 키웠다고 했다. 마침 서울로 이사할 준비를 하던 중 내 글을 보고 연락을 준 거라고 했다. 양손 가득 들고 오기도 어려울 만큼 많은 책을 받았다.

"엄마가 혼자 키우지 말고, 어린이집에 보내세요. 장애 통합 어린이집이요. 거기 보내면 아이에게 맞춰 개별화교육계획IEP이라는 걸 세워 줘요. 저희 아이는 거기 다니면서 많이 좋아졌어요."

큰 결심 끝에 아이를 어린이집에 데려가 상담을 받았다. 원장과 특수교사가 연우를 보더니 고개를 갸웃거렸다.

"특수로 등록하시기엔 아까운 것 같아요. 대답도 잘하고 눈 맞춤도 좋고요. 그냥 발달이 조금 느린 아이일 수도 있어요."

"잠깐 보면 그렇게 보일 수도 있는데, 시간을 두고 보면 소통이 안 됩니다. 일대일로 붙어 있지 않으면 아무것도 하지 않고, 혼자 놀지도 않아요. 잘 부탁드립니다."

그렇게 연우는 장애 통합 어린이집에 다니게 되었다.

어느 날 어린이집에서 전화가 왔다.

"어머니, 혹시 언어 치료는 받고 계실까요? 연우가 언어가 많이 느린 것 같아요. 그리고 낮잠 시간에 잠을 거의 안 자요."

언어 치료는 하고 있었지만, 낮잠을 안 잔다는 말에 마음이 불편해졌다. 낮잠 시간은 아이들뿐만 아니라 교사들에게도 소중한 휴식 시간이니까. 혹시 연우가 미움을 사게 될까 걱정되었다. 고민 끝에 오전만 어린이집에서 보내고, 낮잠 시간에는 집에 데려오기로 했다.

그러던 어느 날, 아이를 데리러 갔다가 나는 큰 충격을 받았다. 아이들은 일렬로 누워 모두 잠을 자고 있었고, 교사들은 한쪽 구석에 모여 무언가를 하고 있었다. 연우는 구석에 엎드려 하체에 힘을 주고, 바닥에서 자위에 빠져 있었다. 나는 온몸이 굳었다. 아이의 상태를 모르는 교사들을 향해 헛기침을 했다. 그제야 한 교사가 달려가 연우를 일으켰지만, 그 행동의 의미조차 인지하지 못하는 눈치였다. 연우의 앞머리는 땀에 흠뻑 젖어 있었다.

누워 있는 수많은 아이들을 보며, 이 안에서 과연 연우가 제대로 된 관심을 받을 수 있을까 하는 생각이 들었다. 연우는 특수교육 대상자였지만, 완전 통합으로 운영되는 어린이집이라 비장애 아이들과 늘 함께 수업을 받고 있었다. 특수교사가 따로 있었지만, 모든 아이들을 함께 지원하는 역할을 하고 있었다. 연우처럼 누군가 바짝 붙어 자극을 주지 않으면 아무것도 하지 않는 아이는 눈에 띄지 않을 게 뻔했다.

훗날 둘째 정우를 유치원에 보내면서 아이가 교사에게 얼마나 눈에 띄는 행동을 하느냐에 따라 관심의 양과 질이 달라질 수 있다는 사실을 실감했다. 정우는 쉴 새 없이 뛰어다니며 존재감을 드러내는 아이라 누군가 한 명은 항상 옆에 붙어 있어야 했다. 다른 아이들과 선생님께 죄송했지만, 한편으로는 다행이라는 생각도 들었다.

결국 연우는 어린이집을 7개월밖에 다니지 못했다. 어린이집의 탓이라기보다는, 시간이 갈수록 아이가 빠르게 퇴행했고, 결국 자폐 진단을 받아 집중 치료를 위해 서울로 가게 되었다.

사람이 우선이지

　아들이 네 살 되던 해 가을, 모든 것이 급격히 변하기 시작했다. 아들은 좋아하던 원목 기찻길 조각을 맞추는 대신 눈앞에 대고 흔들었다. 인형, 장난감, 숟가락까지 손에 쥔 모든 것을 쉼 없이 흔들었다. 이전에는 전혀 없었던 이른바 '상동 행동'이었다. 어린이집에서 별명이 '선비'일 정도로 차분히 앉아 활동하던 아이가 단 몇 개월 사이에 잠시도 가만히 못 있는 아이가 되었다.
　첫째의 진단과 치료로 이미 지칠 대로 지친 상황이었다. 둘째까지 장애가 있다는 현실을 받아들이기 힘들었다. 하지만 한편으로는 첫째 아이보다 더 빨리 장애를 수용했다. 진단을 여러 번 받는다고 해서 아이의 상태가 달라지지 않는다는 걸 누구보다 잘 알고 있었기 때문이었다. 대기가 없는 가까운 병원에 가서 검사를 받았다. 아직 나이가 어려 정확히 진단하기는 어렵지만, 1년 이상의 발달 지연이 있고 상동 행동 등 자폐적 특성을 보여 발달장애가 의심된다는 진단을 받았다. 사실, 의사의 진단이 없어도 나는 알고 있었다. 인정하지 않으려 발버둥 칠수록 더 깊은 늪에 빠진다는 걸 경험으로 알고 있었다.

다섯 살이 되면 도저히 어린이집을 계속 다닐 수 없을 것 같았다. 일반 어린이집이나 유치원에서는 5세가 되면 학급당 아이 수가 많아지기 때문에 아들이 적응하기 어렵겠다는 생각이 들었다. 다니고 있던 어린이집에서도 4세 반에 한 해 더 다니는 것이 어떻겠냐고 권했다. 공동 육아와 숲 유치원을 포함해 여러 선택지를 고민했지만, 마땅한 곳이 없었다. 문득 딸이 다녔던 장애 통합 유치원이 떠올랐다. 쉬운 결정은 아니었다. 하지만 동생들과 함께 일반 어린이집을 다니는 것보다 장애 통합 유치원에서 특수교육을 받는 것이 아이에게 더 나은 선택이라고 믿었다.

고민 끝에 바로 교육청으로 달려갔다. 하지만 뜻밖의 벽에 부딪혔다.

"현재는 입학이 어렵습니다."

그들은 나와 아이의 상황을 헤아리기보다 규정과 절차를 앞세웠다. 도와주기를 바라며 간절한 마음으로 찾아간 곳에서 거절을 마주한 순간, 세상이 다시 한번 무너지는 것 같았다.

"어머니, 다른 아이들은 작년 8월부터 장애 통합 유치원에 지원하고 배정받았어요. 지금은 1월이라 이미 모든 유치원에 입학 인원이 결정된 상황인데, 지금 와서 이러시면 곤란합니다."

"저도 알고 있습니다. 하지만 작년 8월에는 아이가 장애가 있는 줄 몰랐어요. 10월쯤에야 아이가 퇴행하고 있다는 걸 깨달았고, 지금은 어린이집에서도 유예를 권하고 있는 상황이에요. 유치원에 자리가 없었다면 저도 다른 방안을 생각해 봤을 거예요. 자리가 있는 유치원에 왜 입학이 안 된다는 건가요? 없는 자리를 추가로 만들어 달라는 것도 아니고, 비어 있는 자리에 들어가겠다는 건데요?"

"아무리 빈자리라도 절차가 있어요. 특수교육 대상 학생 선정을 위한 특운위(특수교육운영위원회)도 열어야 하고요. 적어도 4월까지는 기다려 주세요."

"아니, 의사가 장애를 진단했는데 무슨 회의가 더 필요하단 말인가요? 절차가 있는 건 저도 압니다. 하지만 아이가 당장 3월에 갈 곳이 없는데, 그때까지 기다려야 한다는 말인가요?"

"네, 거듭 말씀드리지만 다른 유아들은 작년에 미리…"

"아이가 장애인이 되기도 전에 미리 예상하고 신청하는 부모가 어디 있나요? 비장애인으로 살다가 오늘 갑자기 장애인이 될 수도 있는 건데요. 오늘 갑자기 사고로 아이가 장애인이 되어도 몇 달 전에 신청하지 않아서 특수교육을 받지 못한다는 말씀인가요?"

"어머니, 무슨 말씀인 줄은 알겠으나 저희도 절차가 다 있습니다. 이런 예외를 다 허용해 주다 보면 행정 처리가 불가능합니다. 잠깐만 기다려 보세요."

잠시 후 그가 가져온 서류 한 장에 나는 참았던 분노를 폭발시키고 말았다. 서류에는 지적장애 2급 학생의 인적 사항이 있었다.✝ 지적장애 2급 진단을 받은 학생조차 학부모가 특수교육 대상자 선정 신청을 늦게 하는 바람에 특수학급에 3월에 입학하지 못한다는 사실로 나를 설득하려고 했다. 나보다 먼저 신청한 사람도, 장애 2급 진단까지 받았는데도 불구하고 특수학급에 입학하지 못한다는, 그만큼 절차가 중요하다는 뜻이었다.

"알겠습니다. 여기서는 도무지 말이 통하지 않는군요. 우리나라에는 절차 때문에 특수교육을 받지 못하는 장애 학생이 넘쳐 나는군요. 국민 청원을 올려야겠습니다."

나는 끓어오르는 감정을 주체하지 못하고 귀까지 벌겋게 달아오른 얼굴로 일어섰다. 나가려는 나를 그가 황급히 붙잡아 앉혔다.

➜ 1988년 도입된 장애등급제는 장애를 의학적 기준에 따라 1~6등급으로 나누어 복지 서비스를 차등적으로 제공했다. 그러나 서비스가 획일적으로 제공되어 장애인의 개별 욕구를 충족하는 데 한계가 있다는 지적에 따라, 2019년 7월부터 장애등급제를 폐지했고 이후 '장애등급'이 아닌 '장애정도'로 구분해 장애인 등록을 하고 있다.

"어머니, 알겠습니다. 사정이 그러하니 저희가 내일 회의를 열고 연락을 드리겠습니다. 하지만 다른 부모님들에게 이런 이야기는 하지 말아 주세요. 저희가 일하기 너무 어렵습니다."

"회의를 열어 주신다니 기다리겠습니다. 하지만 누구에게도 얘기하지 않겠다는 약속은 드릴 수가 없네요. 제가 무슨 잘못을 한 것도 아니고요. 잘못된 관행은 널리 알려 바로잡아야 하는 법이니까요."

그렇게 교육청을 나왔다. 하고 싶은 말을 쏟아 내서 속이 시원했다.

다음 날 바로 아이의 유치원 입소를 허가한다는 교육청 전화를 받았다. 나는 고맙다는 인사와 함께 잊지 않고 덧붙였다.

"어제 서류로 보여 주신 지적장애 2급 아이도 특수학급 입학 허가하셨지요?"

"네, 어머니. 당연히 같이 처리했습니다."

행정 업무가 많은 교사로서, 나 역시 그 어려움을 잘 이해한다. 하지만 행정은 사람을 위한 것이어야 한다. 편리함을 위한 절차가 누군가에게 장애물이 되어서는 안 된다. 가장 중요한 것은 효율이 아니라, 한 사람이라도 더 배려하는 따뜻한 시스템을 만드는 일이다. 그것이 진정한 복지의 기본이다.

발달장애 진단 후 유아기 기관에서 받을 수 있는 돌봄과 교육 지원

연우가 발달장애 진단을 받은 뒤 1년간은 치료에만 매진하느라 기관에 보내지 못했습니다. 치료를 받아도 아이가 눈에 띄게 나아지지 않았고, 치료비로 통장 잔고가 바닥났을 무렵부터 어린이집과 유치원을 검색하기 시작했습니다.

알아보니 어린이집에도 장애 아동을 위한 자리가 있다는 사실을 알게 되었습니다. '장애아 전담 어린이집'이라는 곳이 있었고, 발달장애나 지체장애가 있는 아이들만을 위한 공간이거나, 비장애 또래들과 함께 통합반을 운영하는 곳도 있었습니다. 이런 어린이집에서는 보통 한 반에 3~5명 정도의 소수 아이들이 배치되며, 특수교사나 유아 특수교사가 함께합니다. 어떤 곳은 언어 치료나 놀이 치료 같은 지원을 병행하기도 했습니다.

저는 조금 더 열린 구조를 가진 곳을 찾고 싶었습니다. 집 근처에 통합 어린이집이 있었습니다. 비장애 아이들과 함께 생활하면서 장애아 보육 교사나 지원 교사의 도움을 받을 수 있는 곳이었습니다. 물론 통합반이라고 해서 모든 아이가 자연스럽게 어우러지는 것은 아니었습니다. 그 안에서도 얼마나 세심하게 배려하고 지도하는지가 더 중요했습니다. 결국 시설보다 사람을 봐야 한다는 것을, 저는 이전의 경험으로 알고 있었습니다.

집 근처 통합 어린이집의 교사들에 대한 평이 좋아 등록했습니다. 1년 정도 다녔지만, 낮잠 문제와 오후 치료 일정으로 인해 오전에만 다녔습니다.

교육청에 문의하니 특수교육 대상자 선정도 가능하다고 했습니다. 선정이 되면 유치원 안에 있는 특수학급에 다닐 수도 있고, 경우에 따라 일반반에 통합되어 다닐 수도 있다고 했습니다.

둘째 정우는 3년간 유치원 특수학급에 다녔습니다. 유아 특수교사가 담임을 맡고, 미술이나 체육 같은 시간에는 비장애 또래들과 통합 학급에서 함께 활동하기도 했습니다. 유치원에서 가장 만족스러웠던 점은 아이만을 위한 개별화교육계획IEP을 세워 구체적인 목표를 가지고 교육을 이어 간다는 것이었습니다.

두 아이의 영유아 시기를 돌아보면, 어린이집이든 유치원이든 시스템보다 교사에 의해 만족도가 달라졌습니다. 세심하게 정성을 다하는 교사를 만났을 때, 아이가 가장 많이 배우고 성장했다는 사실만큼은 부정할 수 없습니다.

- **어린이집**(보건복지부 소관)

1. 장애아 전담 어린이집

발달장애, 지체장애 등 장애 유아를 전문적으로 돌보는 어린이집. 장애 아동만 대상으로 하거나, 비장애아와 함께 통합반을 운영하기도 합니다.

특징: 보통 3~5명당 1명의 교사가 담당해 밀착 돌봄이 가능합니다. 특수

교사 또는 유아 특수교사가 상주하고, 언어 치료, 놀이 치료 등 치료적 지원을 함께 제공하는 경우도 있습니다.

2. 통합 어린이집(일반 어린이집 내 통합반)

비장애 유아들과 함께 생활합니다.

특징: 지원 교사 또는 장애아 보육 교사가 배치되어 지원합니다.

● 유치원(교육부 소관)

1. 특수학급 유치원

유치원 내에 특수학급이 설치되어 있으며, 발달장애 유아가 별도의 맞춤형 교육을 받을 수 있습니다.

특징: 유아 특수교사(특수교육 전공 교사)가 담임을 맡습니다. 미술, 체육 등 일부 수업은 일반 유아들과 함께 진행됩니다. 개별화교육계획에 따라 아이의 특성을 고려한 맞춤형 교육 목표를 세워 체계적으로 지원합니다.

2. 통합 유치원

일반 학급에서 비장애 또래와 함께 생활합니다.

특징: 순회 특수교사 또는 유치원 교사가 보조적 지원을 제공합니다. 통합 활동을 통해 사회성과 적응력을 키우는 것을 목표로 합니다.

싸우는 엄마들

유치원에서 정우가 크게 다쳤다. 다섯 살, 너무도 어린 나이였다. 얼굴을 안팎으로 스무 바늘 넘게 꿰매고 축 처진 아이를 안고 있던 그때, 나는 부모로서 깊은 슬픔과 분노를 느꼈다.

그 일로 유치원에서는 학부모들을 불러 모았다. 7세 반에 있는 특수교육 지도사(특수교육 지원 인력)를 5세 반으로 보내야 하지 않겠냐는 안건이 올라왔다. 7세 반 부모들이 가만히 있을 리 없었다. 7세 아이들도 모두 지원 인력이 절실한데 내 아이가 다쳤다고 해서 다른 아이들을 담당하는 인력을 뺏어 올 수는 없었다.

유치원에서 나에게 조심스럽게 제안했다.

"정우가 크게 다쳤으니, 어머니가 강하게 주장하면 지도사를 정우에게 붙일 수 있어요."

유치원에서도 활발하게 움직이는 정우가 불안했는데, 크게 다치기까지 했으니 5세 반 지원 인력이 절실했던 거다.

나는 그 제안이 불편할 수밖에 없었다. 필요한 인력을 보충해 주는 것이 아니라, 누군가를 지원하고 있는 사람을 데려와야 한다니. 내 아이만 살리자고 다른 아이들을 힘들게 할 수는 없는 노릇이었다.

뜻밖에도 나는 그 일로 5세 반 학부모들의 원성을 샀다. "정우 때문에 다른 5세 반 아이들이 제대로 케어받지 못한다", "정우가 크게 다쳤으니 앞으로 선생님이 정우만 더 신경 써서 볼 거 아니냐?"며 지도사를 데려올 수 있는 절호의 기회이니 7세 반 인력을 5세 반으로 데려올 것을 적극적으로 요구하라는 것이었다. 그들의 요구에 응하지 않은 대가로 나는 같은 반 부모들의 수군거림을 힘겹게 감당해야 했다.

교육청에 추가로 인력을 요청했다. 교육청은 예산이 없다는 말만 반복했다. 결국 시니어 자원 봉사 인력을 배치받았다. 다섯 살 정우의 에너지를 전혀 감당할 수 없는 70대 노인이었다.

교육청에 더 항의하고 싶었지만 여력이 없었다. 하루하루, 8세와 5세 아이들을 키우는 것만으로도 버거웠다. 그냥 주어진 대로 받아들이며 살 수밖에 없었다. 누가 우리에게 지원 인력을 배치하는지, 그 지원 인력이 장애 아동의 학습권과 어떤 관련이 있는지, 그런 생각조차 해 보지 못했다.

그로부터 7년이 지난 지금도 현실은 그대로다. 유치원들은 여전히 사회 복무 요원과 시니어 봉사자로 간신히 버티고 있고, 지도사가 있는 유치원은 극소수다.

매년 겨울만 되면 잠을 이루기가 힘들다. 늘 교육청에 연락해서 '내 아이가 얼마나 중증인지'를 증명해야 한다. 강력하게 항의한 어떤 해에는 교육청 담당자에게 이런 말까지 들었다.

"어머니, 어머니 아이는 스스로 밥 먹고, 스스로 걸어 다니잖아요."

딸이 생리를 시작한 해에는 여성 지원 인력이 필요해 요청했는데, 역시나 배치되지 않았다. 교육청에서는 여학생의 신변 처리를 지도할 수 없는 사회 복무 요원을 배치해 주겠다고 했다. 내가 또다시 강력하게 항의하자 담당자가 이렇게 말했다.

"어머니, 지금 남녀 차별하시는 건가요? 그럼 남자 특수교사는 여학생을 가르칠 수 없겠네요?"

울화가 치밀었지만 그 일을 통해 깨달았다. 민원을 넣는 것은 힘없는 말단 직원과 시민끼리의 답이 없는 싸움이라는 것을. 일을 전혀 해결할 수 없는 사람끼리, 일선에서 가장 고통받는 사람끼리 물고 뜯는 싸움일 뿐임 처절히 깨달았다.

지역 교육청은 도교육청에서 보내 주는 인력으로 각 학교에 배치를 하는 것일 뿐 인력을 증원할 아무런 권한도 예산도 없었다. 도교육청에 민원을 넣어도 마찬가지였다. 아무리 도교육청에 민원을 접수해도 지역 교육청으로 민원이 돌아올 뿐이었다.

2023년에는 희귀 질환이 있는 한 학생과 부모가 경기도 교육청을 상대로 보조 인력 미배치 소송을 했다. 결과는 패소였고 비슷한 고통을 겪고 있는 많은 이들이 항소하기를 원했지만 아이는 베트남으로 떠나 버렸다. 베트남에서는 부모가 요구하지 않아도 지원 인력이 배치되었다는 후문을 전해 들었다.

올해 중학교에 입학한 딸아이의 학교에도 지원 인력이 배치되지 않았다(이후 지속적인 요구로 4월 말에 특수교육 협력 강사를 배치받았다). 작년부터 교육청에 계속 요구했지만 소용이 없었고, 교육청에서는 우리 아이보다 장애가 훨씬 심한 아이들에게 우선 배치했다는 말만 반복했다. 〈장애인 등에 대한 특수교육법〉 제28조 3항에 "교육감은 각급학교의 장이 특수교육 대상자를 위하여 필요한 경우 지원인력을 제공할 수 있도록 지원하여야 한다."라고 명시되어 있다. 명백히 교육감과 학교장이 해야 할 일이라고 법에 명시되어 있지만, 이를 이행하는 학교는 많지 않다.

"연우 학교에 특수교육 지도사가 배치되지 않았어. 소진이네 학교는 배치됐어?"

"소진이는 지도사 없이는 학교를 다닐 수 없는 아이라서. 배치를 안 해 주면 학교를 안 보내려고."

같은 처지의 학부모와 나눈 대화다. 그와 나는 오랜 시간 마음을 나눈 사이다. 그런데 소진이는 지도사 없이 학교를 다닐 수 없는 아이라는 말이 서운하게 느껴졌다. 물론 소진이는 신체적 지원이 필요하기 때문에 학교에 물리적 접근마저 힘들다는 의미라는 걸 잘 안다. 하지만 자폐성 장애가 있는 내 아이가 신체적으로 건강하다는 것이 안전을 보장하지는 않는다. 최소한의 언어적 자기방어조차 할 수 없는 아이를 학교에 보내는 부모의 심정을 그 누가 헤아릴 수 있을까?

이렇게 같은 고통을 겪고 있는 사람이 서로에게 공감하기보다는 자신의 고통이 더 크다는 것을 끊임없이 증명하게 만드는 제도가, 한정된 자원을 약자끼리 나누다 결국 충돌하고야 마는 현실이, 끊임없이 고통을 재생산했다. 전쟁터에서 밥이 든 깡통 하나에 피범벅 된 손으로 달려들어 서로 먹겠다고 싸우는 장면이 연상된다. 원초적 본능 앞에 인간성이 무너지고야 마는 전쟁터. 그러나 굶주린 자식의 입에 밥을 넣겠다는 모성을 누가 욕할 수 있겠는가? 교육 현장이 전쟁터와 같아진 현실이 결국 부모, 교사, 아이 모두에게 상처를 입힌다.

고통은 끝이 있을 때 견딜 수 있다. 이 고통은 두 아이가 학교를 졸업하는 몇 년 안에 끝날 것이다. 그때는 또 다른 난관이 기다리고 있겠지만. 대한민국에서 아이를 낳아 교육조차 제대로 받게 할 수 없다는 이 울분은 시간이 갈수록 켜

켜이 쌓여 간다. 학령기가 끝나면 이 고통도 끝날 것이라는 희망으로, 남은 시간을 견뎌야 하는 걸까. 아무리 두드려도 열리지 않는 문 앞에서 내가 주저앉아 울었던 그 자리에 또 다른 누군가가 와서 쓰러지겠지. 그런 미래를 희망이라고 말할 수 있을까.

통합 교육 현장에 지원 인력을 확충해야 하는 이유

• **전문적인 지원 인력이 없는 통합 교육**

"어머니, 이번에 제가 절실히 느꼈습니다. 지원 인력의 전문성이 정말 중요하더라고요. 봉사 인력으로 오시는 분들은 수업에 실질적인 도움이 하나도 되지 않습니다. 그냥 옆에 사람을 앉혀 둔다고 되는 일이 아니었습니다."

연우가 초등학교 5학년 때 담임선생님은 정확히 제가 느끼던 바를 짚어 주셨습니다. 교육청에서 지원 인력을 배치할 때까지 임시로 활동 지원사가 수업을 지원했습니다. 그런데 교육청에서 자원봉사 인력을 배치한 후 담임선생님이 어려움을 호소했습니다.

활동 지원사 선생님과 대학생 자원봉사 인력은 비교 대상조차 될 수 없습니다. 자원봉사자는 아무리 교수 수정을 거친 자료를 제공해도 연우를 지도하지 못하고, 오히려 연우에게 끌려다니며 수업이 중단되는 일이 잦았습니다. 반면, 활동 지원사 선생님은 별도의 교수 수정 자료가 없어도, 연우의 수준을 스스로 파악해 활동을 조율할 수 있었습니다. 안정적인 라포(라포르)가 형성되어 연우의 수업 참여도가 높았고, 개입이 필요한 시점과 물러나야 할 때를 따로 설명하지 않아도 스스로 판단해 적절히 대응해 주었습니다.

담임선생님께서는 "이렇게 잘 도와주는 분이 있으니 통합 교육이 훨씬 수월해졌어요."라고 했습니다. 상황이 눈에 선하게 그려졌습니다. 일주일에 한 번 만나는 자원봉사자와 라포를 형성하기란 사실상 불가능합니다. 통합 교육, 특수교육은 말할 것도 없고, 교육에 대한 기본적인 이해조차 없는 사람이 수업을 어떻게 지원할 수 있을까요?

영어 수업을 지원하는 기초학력 협력강사는 영어 전공자 또는 교육학 전공자 자격을 갖추도록 되어 있습니다. 그런데 왜 특수교육 대상 학생을 지원하는 인력은 '자원봉사'로 대체하려는 것일까요?

통합 교육이 제대로 운영되지 못하면 피해를 보는 것은 특수교육 대상 학생만이 아닙니다. 같은 학급의 비장애 학생들 또한 교육의 질이 떨어집니다.

통합 교육은 능력주의 사회에서 벗어나 다양성과 공존을 실현하는 핵심적인 장치입니다. 우리 교육은 아직도 능력주의 프레임에서 벗어나지 못하고 있습니다. 능력이 낮다고 평가되는 학생에게는 전문 인력을 배치하는 데 예산을 쓰지 않으려 합니다.

물론 예전처럼 복도에 부모가 대기해야 하는 상황은 많이 줄었습니다. 하지만 지금처럼 부모가 직접 활동 지원사를 학교에 보내야 하는 상황과 무엇이 다를까요? 그 부담이 결국 또다시 가정으로 향하고 있습니다. 연우 담임선생님의 어려움을 듣고 나니, 현실의 벽에 또다시 한숨이 나왔습니다.

교사 입장에서도 마찬가지입니다. 전문적인 지원 인력도 배치하지 않으면서, 왜 모든 책임을 교사에게만 지우는 건가요? 교수 수정을 아무리 잘한다 해도, 일상생활조차 혼자 수행하기 어려운 아이들에게는 분명 사람의 손이 필요합니다. 교사의 '의지'나 '열정'만으로 해결될 수 없는 문제입니다.

2024년 교육부 특수교육 통계자료에 따르면, 지원 인력의 수는 다음과 같습니다. 서울은 총 2197명(이 중 사회 복무 요원 791명), 경기도는 2915명(사회 복무 요원 1571명)입니다. 특수교육 지도사(실무사)는 서울에 1406명, 경기도에 1344명이 배치되어 있습니다. 특수교육 대상 학생 수는 서울 1만 4546명, 경기도 2만 8581명입니다.°

이를 기준으로 보면, 서울은 특수교육 대상 학생 10.3명당 특수교육 지도사 1명이, 경기도는 21.2명당 1명이 배치되는 셈입니다. 경기도의 경우, 지원 인력 없이 물리적 이동조차 어려운 학생에게도 지원 인력을 배치하지 못한 사례가 있습니다.

사회 복무 요원과 대학생 봉사 인력은 전문 인력이 아닙니다. 전문성과 책임감이 부족한 임시 인력은 학교 현장에서 실질적인 도움이 되지 않을뿐더러 오히려 문제를 야기하기도 합니다. 특히 대학생의 경우, 매일 지원이 어려워 주 1회 정도의 단기적 지원만 가능한 경우가 많아 학교의 인력난을 해소할 수 없습니다. 오히려 이들의 관리와 지도를 담당하는 특수교사의 업무만 늘리는 결과를 초래합니다.

따라서 충분히 훈련되고 책임감 있는 지원 인력을 배치해야 합니다. 중도·중복 장애 학생에게는 지원 인력을 반드시 의무적으로 배치해야 하며, 모든 학급에도 최소 1명의 지원 인력이 의무적으로 배치되어야 합니다. 그러나 현재는 지원 인력이 부족해, 일부 학교에서는 학부모에게 개인 활동 지원사를 학교에 보내 달라고 요구하는 사례도 발생하고 있습니다. 활동 지원사는 가족과 보호자의 양육 부담을 덜기 위한 보건복지부 사업입니다. 이런 인력을 학교에서 대체 인력으로 활용하면, 정작 가정에서는 돌봄 공백이 발생해 부모의 부담이 더욱 커집니다. 이는 명백히 법에 명시된 국가의 의무를 이행하지 않고, 교육의 책임을 학부모에게 전가하는 행위입니다.

★ 2024 특수교육통계

○ 교육부 국립특수교육원, 「2024 특수교육통계」, 2024.6.28.

내 아이를 위한 학교

'아이를 학교에 보내도 될까?'

일곱 살이 된 아이를 바라보며 이 질문을 수백 번 되뇌었다. 급기야 불면증에 시달렸다. 학교 입학 시점은 점점 다가오는데, 도무지 학교에 보낼 수 있을 만큼 준비된 상태가 아니었다. 최소한 누구를 만나고 무엇을 먹었는지 정도는 짧게라도 말할 수 있어야 하지 않을까. 엄마라고 부르지도 못하는 아이를 어떻게 입학시켜야 하며, 학교에 보낸다 한들 무슨 의미가 있을지 답이 보이지 않았다.

몇몇 대안 학교를 검색해 직접 방문해 보았다. 특수학교 상담도 해 보았다. 그 어느 곳도 내키지 않았다. 당시 아이는 너무 수동적이고 얌전했다. 마치 보이지도, 들리지도 않는 인형처럼 행동했다. 어느 기관에 보내도 다른 아이들 틈에서 방치될 게 뻔해 보였다. 일대일로 집중적인 상호작용을 시도해야 겨우 미미한 반응을 보이는 아이를 기관에 맡긴다는 게 너무 불안했다.

결국 학교에 보내지 않기로 결심했다. 당시 나는 육아휴직 중이었고, 아이의 장애를 알게 된 뒤로 아이의 치료 외에는 딱히 관심이 없었다. 어차피 복직할 생각도 없던 터라, 교직 경험을 살려 내가 직접 아이를 가르쳐 보기로 마음먹었다. 홈스쿨링만 하면 외롭고 힘들 듯해, 비슷한 또래의 자폐 스펙트럼 장애 아동들을 모아 작은 '학교'를 만들었다. 말이 학교였지 사실상 일대일 수업에 가까웠다.

아이별 특성과 수준에 맞춰 계획을 세워, 선생님 몇 분과 부모들이 돌아가며 맞춤형 수업을 진행했다. 일대일 수업이다 보니 내 아이가 방치될 위험도 적고, 내가 매일 현장에서 아이의 교육에 직접 관여하니 안심이 되었다. 학교 폭력 걱정도 없었고, 아이 상태나 컨디션에 따라 수업을 조절할 수 있어 좋았다. 학교를 함께 운영하는 부모들과의 자잘한 갈등이나 재정적 문제쯤은 내 아이 교육을 위해 기꺼이 감수할 수 있었다.

학교를 시작하고 몇 달 뒤, 아이가 전과는 사뭇 다른 행동을 보이기 시작했다. 타인에게 전혀 관심이 없던 아이가 놀이터에서 다른 아이들을 웃으며 따라다녔다. 영문을 모르는 아이들이 "왜 따라와?", "몇 살이야?" 하고 물었다. 또래와 대화도 하지 못하고 함께 놀지도 못하면서, 마냥 신나 보였다. 일시적인 행동인가 싶었지만, 점점 심해졌다. 지하철에서 또래 아이를 보면 함박웃음을 짓고 따라 내리려 했고, 길을 가다가 또래가 보이면 보이지 않을 때까지 뒤를 돌아봤다.

왜 한 번도 아이에게 직접 물어볼 생각을 안 했을까?

"연우야, 학교 가고 싶어? 친구들 만나고 싶어?"

아이가 질문을 완벽히 이해하지 못하더라도, 내가 자세히 설명하고 의사를 물어봤어야 하지 않을까. 학교에 갈지 말지 결정하는 중대한 문제였는데, 정작 당사자인 아이의 의견을 묻지 않았다는 사실이 뒤늦게 떠올랐다. 그제야, 크고 작은 일에서 내가 무의식중에 아이의 주도권을 얼마나 빼앗고 있었는지 깨달았다.

말을 하지 못한다고 해서 욕구가 없는 건 아니다. 내 아이가 어디서든 존중받길 바라면서, 정작 엄마인 나는 아이를 온전한 개별 존재로 대하지 않았다. 물론 그런 태도에는 나름의 이유가 있었다. 장애가 있는 아이는 연약한 존재이므로, 부모로서 위험을 미리 차단해야 한다고 생각했기 때문이다. 험난한 세상에서 아이를 보호하는 건 당연한 일이니까. 훗날 나는 이것이 장애인 부모뿐만 아니라, 보편적인 부모라면 누구나 쉽게 빠질 수 있는 생각임을 깨닫게 되었다.

사회복지학에서는 돌봄이 필요한 사람에게도 '아플 권리', '다칠 권리', '실패할 권리', '모험할 권리'가 있다고 말한다. 복지란 단순 보호가 아니라, 개인이 더 나은 삶을 살도록 지원하는 과정이어야 한다는 의미다. 되돌아보면,

나를 가장 크게 성장시켰던 건 아픔과 실패, 그리고 모험하다가 다쳤던 경험들이었다. 아이가 장애가 있다고 해서, 자식이라고 해서 부모가 그 삶을 온전히 누릴 권리를 빼앗아도 되는 걸까? 배우고 성장할 기회마저 부모가 막고 있는 건 아닐까? 물론 아플 게 뻔히 보이는데 놓아주기란 쉽지 않다. 하지만 자식의 삶은 결코 내 것이 아니며, 그것을 인정하고 내려놓는 데서 비로소 '독립'이 시작된다. 자식을 낳아 키우는 최종 목표가 '독립된 어른으로 성장하게 하는 것'이라면 더더욱 그렇다.

연우는 온몸으로 말하고 있었다. 엄마가 만든 학교 속 보호망 안에서 지내기보다는 넓은 세상으로 나가고 싶다고, 학교에서 선생님도 만나고 친구도 사귀고 싶다고. 때론 힘들고 아플 수 있어도, 남들과 똑같이 배우고 싶다고.

오랜 고민 끝에 나는 결국 아이를 놓아주기로 했다. 집 근처 공립학교에 보내기로 결심한 뒤, 사흘 밤낮으로 열이 날 만큼 끙끙 앓았다. 아이도 나도 아프고, 다치고, 실패하고, 때론 모험할 준비를 했다.

다시 돌아간 공교육

'누구든 내 딸 건드리기만 해 봐.'

연우를 학교에 보내 놓고도 선뜻 발길이 떨어지지 않았다. 집으로 가야 하는데, 주변을 맴돌며 학교 안을 기웃거리다 겨우 돌아왔다. 집에서도 아무것도 손에 잡히지 않았다. 누군가 연우를 괴롭히기라도 하면 그러지 말라는 말이라도 해야 할 텐데. 표현이 서툰 아이라, 걱정이 이만저만이 아니었다.

"얘 이상해요. 수업 시간에 이상한 말을 해요. 무서워요."

연우의 반 아이들은 내게 연우가 무섭다고 했다. 고작 초등학교 1학년 아이들의 말인데도, 나는 상처를 받았다.

'아니, 누구를 때릴 줄도 모르고 말조차 제대로 못 하는 애한테 무섭다니. 대체 뭐가 무섭다는 거야? 너희가 더 무섭거든.'

나는 갈수록 주변 아이들의 반응에 예민해졌다.

어느 날부터 담임선생님이 단체 알림장에 아이들 활동

사진을 올리기 시작했다. 그런데 사진 속 연우를 보고 나는 깜짝 놀랐다. 연우가 모든 사진에서 환하게 웃고 있었기 때문이다. 내가 상상했던 모습과 너무 달라 한참을 들여다봤다. 하루에 10여 장씩 올라오는 사진 속에 연우는 거의 빠지지 않았다. 마치 연우를 중심으로 수업이 돌아가는 듯한 착각이 들 정도였다. 훗날 생각해 보니, 장애가 있는 아이를 처음 학교에 보내고 불안해하는 나를 위해 담임선생님이 특별히 배려해 준 것이었다.

입학 후 몇 주가 지나자, 연우의 반 아이들이 달라졌다. 연우가 등교하면 아이들이 우르르 복도로 나와 인사했다.

"연우야, 안녕!"

처음에는 대꾸도 않던 연우도 시간이 지나자 친구들에게 손을 흔들며 화답했다.

"제가 연우랑 같이 교실에 갈게요."

어느 날, 교문 앞에서 만난 한 아이가 연우의 손을 잡으며 말했다. 예전에 연우가 무섭다고 했던 그 아이였다. 연우를 친구에게 맡기고 천천히 뒤따라가는데, 그 둘의 뒷모습을 보는 내 가슴이 뭉클해졌다. 어느새 뜨거운 눈물이 조용히 흘렀다.

담임선생님과 상담을 한 날이었다.

"어머니, 친구들이 연우와 놀고 싶어 해요. 그런데 아무래도 소통이 어려우니 함께 어울리는 게 쉽지는 않더라고요.

혹시 연우가 좋아하는 놀잇감이 있을까요? 연우가 좋아하는 걸 보내 주시면, 아이들이 함께할 수 있도록 해 볼게요."

선생님의 세심한 관심과 배려가 고마웠다. 하지만 막상 떠올려 보니, 연우는 특별히 좋아하는 것이 없었다. 고심 끝에, 치료실에서 배우는 구슬 꿰기나 퍼즐 맞추기 같은 교구를 보내기로 했다.

선생님은 쉬는 시간마다 연우가 가져간 놀잇감을 활용해 친구들과 함께 놀 수 있도록 도와주었다. 그리고 거의 매일, 아이들이 함께 노는 모습을 사진으로 찍어 보내 주었다. 사진 속 연우는 놀잇감에 크게 관심이 없는 듯했지만, 주변 아이들은 연우와 함께하고 싶어 했다. 그 마음만큼은 사진에서도 선명히 전해졌다.

연우와 동네를 함께 다니다 보면, 반 친구들을 자주 마주쳤다. 멀리서 연우를 발견한 아이들이 반가운 얼굴로 달려오곤 했다. 아이들은 눈을 반짝이며 연우에게 물었다.

"연우야, 내 이름 뭐야?"

연우가 어쩌다 이름을 맞추면, 큰 상이라도 받은 듯 환호성을 질렀다. 만약 기억하지 못하면 아이들은 또다시 이름을 알려 주며 꼭 기억하라고 다짐시켰다.

규칙을 잘 이해하지 못하는 연우와 함께 노는 일은 쉽지 않았지만, 친구들은 연우에게 맞춰 끊임없이 새로운 놀이를 만들어 냈다. 같이 노래를 부르고, 초등학생들 사이에서 유행하는 손유희를 따라 해 보기도 하고, 실뜨기도 익혀 왔다.

　더 이상 나는 학교 담벼락을 서성이지 않았다. 교실 안을 엿보지 않아도 알 수 있었다. 선생님과 아이들이 연우를 따뜻하게 환대해 주고 있다는 것을.

　통합 교육을 시작한 첫해였다. 걱정과 두려움으로 가득했던 그 시간이, 결국 행복으로 채워진 채 마무리되었다. 그때 나는 마음속으로 굳게 다짐했다.

　"나도 연우의 담임선생님처럼 통합 교육을 해 봐야지. 연우의 친구들이 달라진 것처럼, 나도 변화를 이끄는 선생님이 되어 보고 싶어."

　다음 해 나는 통합 교육 실천가로서의 꿈을 이루기 위해 복직을 했다. 나는 학교에서 아이들을 가르치며 고군분투했고, 연우 또한 다른 선생님을 만나 이전과 다른 경험을 통해 아프고, 다치고, 실패하고, 모험하며 성장해 갔다.

'장애 학생'을 일반 학급에 배치하는 것만 통합 교육일까?

〈장애인 등에 대한 특수교육법〉 제2조(정의) 제6호는 통합 교육을 '특수교육 대상자가 일반 학교에 배치되어 일반학생과 함께 생활하면서 개별적인 교육적 요구에 적합한 교육을 제공받는 것'이라고 정의하고 있습니다.

2024년 기준, 우리나라의 특수교육 대상 학생은 총 11만 5610명으로, 전체 학생의 2.03%에 해당합니다. 반면, 미국은 14.15% 수준이며,° 영국도 12.15% 수준입니다.°° 이는 미국과 영국이 특수교육 대상자의 범위를 훨씬 넓게 보고 있기 때문입니다. 우리나라에서는 특수교육 대상자로 지정되지 않는 경계선 지능, ADHD, 정서·행동 장애 등 경증 장애까지 포함하기 때문입니다.

이처럼 통합 교육은 단지 '장애 학생'을 일반 학급에 배치하는 것을 의미하지 않습니다. 실제 학교 현장에는 경계선 지능, 틱, 난독증, 정서·행동 장애, 다문화 아동, 게임 중독 학생 등 다양한 어려움을 지닌 학생들이 함께 생활하고 있습니다. 이들은 법적으로 특수교육 대상자로 지정되어 있지는 않지만, 분명히 특별한 교육적 지원이 필요한 학생들입니다.

따라서 통합 교육은 이제 단순한 법적 개념을 넘어서, 다양한 학생들이 자신의 모습 그대로 살아가며 함께 배움에 참여할 수 있도록 돕는 교육이어야 합니다.

영국의 교육학자 키스 밸러드는 통합 교육이란 장애뿐만 아니라 빈곤, 젠더, 인종, 사회적 지위 등으로 인해 차별과 배제를 경험하는 모든 학생이 학교 교육에 접근하고 참여할 수 있도록 만드는 과정이라고 말합니다. 그리고 이는 민주주의, 시민권, 정의로운 사회라는 가치에 뿌리를 둔 개념이며, 통합 교육은 그 자체가 목적이 아니라 포용 사회로 가기 위한 수단이라고 강조합니다.○○○

현재 학교에서는 장애 학생이 일반 학급에 소속되어 수업을 듣는 형태를 '통합 학급'이라고 합니다. 예를 들어, 발달장애 학생이 4학년 2반에 배정되면 그 반에서 다른 친구들과 똑같이 영어, 체육, 미술 등을 배우게 됩니다.

특수학급은 일반 학교 안에 설치된 별도의 학급입니다. 이곳에서는 특수교육을 전문으로 담당하는 특수교사가 근무합니다. 보통 개별화교육계획에 따라 장애 학생에게 국어, 수학 등의 과목을 중심으로 맞춤형 수업을 제공합니다.

★ 개별화교육계획 운영 가이드북

○ U.S. Department of Education, National Center for Education Statistics(NCES).
○○ Department for Education(DfE).
○○○ Keith Ballard, *Inclusive education: International voices on disability and justice*, Psychology Press, 1999, p. 780.

시간표(초등학교 4학년) 예시
(교시당 40분, 10분 휴식, 4교시 또는 5교시 후 점심 50분~1시간)

	월	화	수	목	금
1교시	국어	수학	국어	체육	과학
2교시	수학	체육	국어	수학	영어
3교시	음악	과학	사회	국어	국어
4교시	영어	과학	체육	국어	수학
5교시	도덕	사회	자율	미술	음악
6교시				미술	

- 표시된 국어, 수학 시간에는 특수학급으로 이동해 특수교사의 수업을 받습니다.

- 그 외 과목은 통합 학급에서 일반 학생들과 함께 수업하며, 필요시 지원 인력(특수교육 지도사, 자원봉사자, 협력 강사, 사회 복무 요원 등)의 지원을 받을 수 있습니다.

- 시간표는 학생의 개별화교육계획 및 보호자의 요구에 따라 유동적으로 조정될 수 있습니다.

- 완전 통합(특수교육지원센터에서 협의로 선정) 학생인 경우, 전 과목을 일반 학급에서 이수하며 특수학급을 이용하지 않기도 합니다.

- 일반 학교에 설치된 특수학급이지만 통합 교육은 하지 않고, 모든 수업을 특수학급에서만 하는 '복합 특수학급'도 있습니다. 일반 학교 내에 작은 특수학교와 같습니다. 시흥시, 고양시, 의정부시 등 주로 경기도에 분포되어 있습니다.

실수가 아니라 차별

"선생님, 우리 연우 것은 없나요?"

"어머, 어머니… 너무 죄송합니다. 제가 실수를 했네요. 깜빡했어요. 정말 죄송해요."

연우가 2학년이 되던 해, 코로나19가 유행했다. 등교하는 대신, 학생들이 가정에서 학습할 수 있도록 학교에서 준비물을 마련했다. 교실에 있으니 가져가라는 알림을 받고 학교로 갔다. 당연히 연우의 것도 있을 줄 알았다. 예상치 못한 상황에 당황스러웠고, 순간 얼굴이 화끈거렸다. 이내 서운함이 밀려왔다. 하지만 연신 고개를 숙이며 미안해하는 담임선생님에게 화를 낼 수는 없었다.

"실수로 잊으셨군요. 다음부터는 우리 연우 것도 꼭 챙겨 주세요. 제가 열심히 시킬게요."

"어머니, 사실 준비물이 뭐 별건 아니에요. 점토랑 색종이랑 만들기 재료 몇 개…."

선생님은 내 마음을 달래려 애쓰고 있었지만, 오히려

더 속이 상했다.

'별거 아니라면서… 왜 우리 아이만 빠뜨린 걸까?'

서운한 마음을 안고 돌아오는 길, 문득 이런 생각이 들었다. 이건 비단 우리 아이만 겪는 일이 아닐 거라고. 대부분의 특수교육 대상자가 한 번쯤 학교에서 겪어 봤을 일이다. 사실 나는 장애가 있는 자녀가 둘이다 보니 여러 번 겪었다. 예를 들면, 학급 단체 사진에서 우리 아이만 빠진 적이 있었다. 전시회에서 내 아이의 작품만 보이지 않은 적도 있었다. 현장 체험 학습이나 발표회 같은 행사에서 비장애 아이들은 듣지 않을 "참여시키는 게 괜찮을까요?"라는 질문에 답해야 했다.

물론, 선생님이 우리 아이를 일부러 배제하려 한 것은 아니다. 평소 선생님의 모습을 보며 인품이 훌륭하다고 생각했다. 우리 아이가 장애가 있다고 해서 콕 집어 미워하거나 차별할 분이 아니었다. 오히려 나는 '좋은 담임선생님을 만나 다행이다.'라고 흡족해하고 있었다.

그렇다면 왜 선생님은 우리 아이의 학습 준비물만 빠뜨렸을까? 정말 단순한 실수였을까? 아니다. 그것은 '자신의 책임이라고 생각하지 않았기 때문'이다.

나는 이것이 우리 통합 교육의 현실이라고 본다. 특수교육 대상자는 으레 특수반에서 학습할 것으로 여겨진다. 그들은 특수반 소속이며, 특수교사의 책임이라는 인식이 뿌리 깊다. 담임선생님도 우리 아이의 학습이 특수교사의 책임이라고 생각했을 가능성이 크다. 학습 준비물도 특수교사가 챙기거나, 특수반에서 제공될 거라고 짐작했을지도 모른다. 내가 직접 와서 물어보니 순간 당황했을 수도 있다. 사실, 통합 학급에서 있었던 일들도 대부분 특수교사를 통해 전달되곤 했으니 말이다.

일반 학교에 다니는 발달장애 학생들은 국어와 수학 시간에는 특수반에서 공부하고, 나머지 과목은 통합반에서 수업을 받는 경우가 많다. 학습 준비물을 챙기지 않은 담임선생님의 모습을 보고 문득 궁금했다. 과연, 내 아이는 통합반에서 수업 시간에 무엇을 하고 있을까? 물론, 다른 아이들처럼 원활하게 수업을 따라가지는 못할 것이다. 하지만 우리 아이의 수준에 맞춰, 무엇이라도 준비해 주리라 믿었다. 내가 너무 큰 기대를 한 걸까? 지나친 욕심을 부린 걸까?

드라마 〈이상한 변호사 우영우〉가 한창 화제일 때 한 매체와 인터뷰를 했다. 인터뷰가 끝난 후 기자가 개인적으로 자폐 스펙트럼에 관해 궁금한 것이 있다며 질문했다.

"학창 시절 저희 반에도 자폐성 장애가 있는 친구가 있었어요. 그런데 그 친구는 수업 시간에 갑자기 소리를 지르거나, 누군가를 때리는 폭력성 때문에 수업에 방해가 됐어요. 그 친구는 폭력적인 성격 때문에 우영우처럼 친구를 사귀기는 힘들었던 것 같아요. 학교에서의 이런 폭력성 문제는 어떻게 다루어야 할까요?"

나는 기자에게 되물었다.

"기자님, 지금부터 아무것도 하지 말고 이 자리에 40분 동안 앉아만 있어 보실래요? 견딜 수 있으시겠어요? 그것도 하루에 한 번이 아니고 여러 번, 매일 반복해서요."

"아… 힘들 것 같네요."

"힘든 정도가 아니죠. 게다가 언어 이해도 안 되고, 감각 문제까지 있으면 더 견디기 힘들고요."

"감각 문제요? 그게 뭔가요?"

"자폐성 장애인은 감각 처리 기능에 문제가 있는 경우가 많지요. 예를 들면 특정한 청각 자극에 예민한 경우요. 어떤 아이는 사람들이 한꺼번에 웃는 소리에 경기를 하기도 하고, 비장애인들이 지각도 못 하는 특정한 소리에 자극을 느껴 괴로워하기도 해요. 교실에서 그런 자극에 노출될 경우 참고 참다 힘들어서 폭발하기도 하는 거예요. 드라마에서도 자폐인이 감각 방어를 위해 헤드폰을 끼고 다니는 모습이 나오잖아요. 그게 멋 부리는 게 아니고 자기 보호라니까요."

기자는 고개를 끄덕이며 내 얘기에 귀 기울였다.

"그런 어려움이 있을 거라고는 생각도 못 했네요. 저희 반 자폐 친구도 많이 힘들었겠어요."

아무것도 하지 않고 40분 이상 매일 한자리에 앉아 있는 것은 성인도 힘든 일이다. 하물며 장애가 있는 어린 학생은 얼마나 힘들까? 힘들어서 소리를 내거나 수업에 방해되는 행동을 하면 소위 '문제 행동'을 하는 것으로 취급된다. 이 행동이 계속되면 특수반으로 쫓겨나거나 심한 경우 집으로 돌려보내지기도 한다.

내 아들 정우도 같은 일을 겪었다. 갓 입학한 초등학교 1학년이 학교에 적응하는 일은 비장애 아이들에게도 결코 쉽지 않다. 자폐성 장애와 ADHD를 동반한 정우에게는 더욱 힘든 일이었다. 정우는 자리에 오래 앉아 있는 것이 어려웠다. 그런데도 학교에서는 '착석이 가장 중요하다'며, 가장 큰 문제 행동으로 '수업 시간(40분) 착석이 안 됨'을 지속적으로 지적했다. 아이의 적응을 위해 중간에 산책이나 간단한 움직임으로 주의를 환기해 줄 것을 학교에 요구했지만 지원 인력의 부족, 학교 규칙 준수의 필요성 등 여러 이유로 묵살당했다.

나는 정우가 학교에서 어려움을 겪을 것이라 예상했고, 아이에게 맞는 도움을 받고 싶어서 특수교육 대상자 신청을 했다. 비장애 아이들과 똑같이 40분 내내 자리에 앉아 교육받을 수 있는 아이라면 애초에 장애 등록도 하지 않았을 것이다. 그런데 학교는 아이의 장애 특성은 고려하지 않고, 학교에 왔으면 '착석'을 해야 한다는 원칙을 똑같이 적용했다. 결국 얼마 못 가 정우는 스트레스를 참지 못해 폭발했다. 울음, 소리 지르기, 뛰쳐나가기, 자해 행동, 옷에 소변 보기 등 집에서는 하지 않는 각종 문제 행동이 수업 시간에 나타났다. 지원 인력이 옆에 있어도 소용이 없었다.

문제 행동이 나타나면 학교에서는 학생에게 치료를 권한다. 정우도 약물 치료를 권유받았다. 발달장애 학생들이 학교로부터 심리 치료나 약물 치료를 권유받는 경우는 허다하다. 그러나 이것은 사후약방문死後藥方文에 지나지 않는다. 문제 행동은 '해결'하는 것이 아니라 '예방'해야 한다.

각종 문제 행동이 나타나기 전에 아이가 천천히 학교에 적응할 수 있도록 착석 시간을 조금씩 늘리면 어땠을까? 아이의 수준을 파악하고 교수적 수정을 통해 조금이라도 수업에 참여할 수 있도록 도우면 어땠을까? 아직 1학년인 점을 고려하고 장애의 특성, 아이의 흥미를 파악해 수업 중 움직이며 할 만한 것들을 다양하게 제공하면 어땠을까? 나는 문제 행동의 대부분이 예방 가능했을 것이라 확신한다.

특수교육 대상 학생이 원만한 학교생활을 하기 위해서는 좀 더 세심하고 촘촘한 지원이 필요하다. 단순히 특수반과 통합반을 오가며 수업을 받게 하기 위해 특수교육 대상자로 지정하는 것이 아니다. 장애로 인한 어려움이 있기 때문에 지원을 받아 학교생활을 잘하고자 특수교육 대상이 되는 것이다. 입학 전, 또는 학년이 바뀌기 전에 개별화교육지원팀은 협의를 통해 학생의 특성과 지원 방안을 꼼꼼히 점검해야 한다. 또한 학생이 보내는 비언어적 신호에 귀 기울이고, 참고 견디다 문제 행동이 폭발하지 않도록 미리 예방하는 것이 중요하다. 사실, 수업 시간에 참여할 수 있는 환경을 만들고 기회만 줘도 많은 문제가 해결된다. 그것이 장애가 있는 학생뿐만 아니라, 비장애 학생과 교사를 돕는 길이다. 이제는 단순히 '착석만 시키는 물리적 통합'에서 벗어나, 좀 더 유연하고 자연스럽게 통합할 수 있는 분위기를 만들어 가면 좋겠다.

우리 아이의 학습 준비물을 빠뜨린 선생님은 어쩌면 통합반에서 아이가 어떻게 학습할지에 대해 깊이 고민해 본 적이 없었을지 모른다. 교실에서든, 원격 수업에서든 '특수교육 대상 학생도 참여할 수 있는 방법'을 좀 더 고민했다면, 단순히 실수로 잊어버리는 대신, 학생에게 딱 맞는 준비물을 챙겨 주었을 것이다.

나는 단순히 내 아이가 빠진 것이 서운했던 게 아니다. 그저 물리적 통합만 해 놓고 그 외에는 아무것도 준비하지 않은 학교가 아쉬웠다. 이제 특수교육 대상자를 학교에 적응하지 못하는 문제아로 보지 말고, '적응할 수 있도록 미리 준비하고, 제대로 지원하는 학교'가 되었으면 좋겠다.

특수교육 대상자 신청 과정

1. 신청 대상

특수교육 대상자는 시각장애, 청각장애, 지적장애, 지체장애, 정서·행동 장애, 자폐성 장애, 학습 장애, 건강 장애, 발달 지체, 중복 장애 등을 가진 학생들로, 교육적 지원이 필요한 경우 해당됩니다.

2. 신청 절차
① 진단·평가 의뢰서 제출

보호자 또는 학교장은 특수교육 대상자 진단·평가 의뢰서를 작성해, 고등학교의 경우 교육감에게, 유치원·초등학교·중학교의 경우 교육장에게 제출합니다.

② 진단·평가 실시

특수교육지원센터에서는 의뢰서를 접수한 날로부터 30일 이내에 진단·평가를 실시합니다.

③ 선정 및 통보

교육감 또는 교육장은 진단·평가 결과를 바탕으로 특수교육 대상자 선정 여부 및 교육 지원 내용을 결정하며, 그 결과를 2주 이내에 보호자에게 서면으로 통보합니다.

④ 배치 결정

특수교육운영위원회의 심의를 거쳐, 해당 학생에게 적합한 학교(일반 학교 일반 학급, 일반 학교 특수학급, 특수학교 등)로 배치가 결정됩니다.

〈장애인 등에 대한 특수교육법〉

• 제15조(특수교육 대상자의 선정)

교육감은 특수교육 대상자의 보호자 또는 학교의 장이 특수교육 대상자의 선정 및 배치를 요청한 경우에는 대통령령으로 정하는 바에 따라 특수교육지원센터에서 진단·평가를 실시하고, 그 결과에 따라 특수교육 대상자를 선정합니다.

〈장애인 등에 대한 특수교육법 시행령〉

• 제10조(특수교육 대상자의 진단·평가 및 선정)

① 교육감은 법 제15조에 따라 진단·평가가 필요하다고 인정되는 경우에는 교육지원청 특수교육지원센터로 하여금 진단·평가를 실시하게 해야 합니다.

② 진단·평가는 의뢰를 받은 날부터 30일 이내에 실시해야 합니다.

③ 교육감은 진단·평가 결과를 바탕으로 특수교육 대상자를 선정하고, 선정 결과 및 교육 지원 내용을 2주 이내에 보호자에게 서면으로 통보해야 합니다.

특수교육 대상 학생의 실질적 수업 참여를 위한 '교수적 수정'

특수교육 대상 학생이 통합 학급에서 수업에 참여하기 위해서는 적절한 지원이 필요합니다. 이는 특수교육에서의 개별화교육계획 또는 일반교육에서의 '수준별 학습'과 유사한 개념이라고 볼 수 있습니다. 통합 학급에서 보다 의미 있고 효과적인 교과 학습이 이루어지기 위해서는 학생의 교육적 요구와 특성을 반영한 수업을 제공하는 것이 바람직합니다. 박승희는 교수적 수정을, '통합 학급에서 교수적 지원 차원에서 일반 교육과정을 적용하되, 그들이 지닌 교육적 요구 및 특성을 반영한 수업을 제공하는 것'이라고 정의했습니다.°

특수교육 대상 학생의 수업 참여의 양과 질을 최적의 수준으로 지원하기 위해서는 교수 환경, 교수 집단, 교수 방법, 교수 내용, 교수 평가의 영역에서 수정과 보완이 필요합니다.

1. 교수 환경의 수정

교수 환경의 수정은 특수교육 대상 학생의 수업 참여를 촉진할 수 있는 물리적 환경을 조성하는 것을 의미합니다. 자리 배치나 장애 특성에 맞는 환경 점검이 요구됩니다. 예를 들어, 자폐성 장애가 있는 학생의 경우 교사와 물리적 거리가 멀어지면 교사의 음성을 소음으로 인식하는 경우가 있으므로, 교사와의 거리를 좁히는 것이 교수적 수정이나 교육적 지원을 제공하는 데 효과적입니다. 감각적으로 예민한 학생에게는 감각 자극을 유발할 수 있는 요소들을 미리 확인하고 제거하는 작업이 선행되어야 합니다.

ADHD가 있는 학생의 경우에도 집중을 방해하는 자극을 최소화하기 위해 앞자리에 배치하는 것이 일반적으로 도움이 됩니다.

2. 교수 집단의 수정

교수 집단의 수정은 수업 내용과 학습 목표에 따라 대집단, 소집단, 개별(일대일) 지도를 구성하는 것입니다. 장애 학생뿐만 아니라 비장애 학생의 특성도 고려해 상호작용이 잘 일어날 수 있는 집단으로 편성하는 것이 중요합니다.

3. 교수 내용의 수정

교수 내용의 수정은 장애 학생의 독특한 교육적 요구와 수준에 적합하게 일반 교육과정의 내용을 다양한 수준으로 재구성하는 것을 의미합니다. 예를 들어, 학습 목표가 '원하는 음식을 주문할 수 있다'일 경우, 어떤 학생에게는 '메뉴판에서 원하는 음식을 가리키며 주문할 수 있다'로, 또 다른 학생에게는 '원하는 음식을 영어로 말할 수 있다'로 조정할 수 있습니다.

4. 교수 방법의 수정

교수 방법의 수정은 개별화된 목표를 달성하기 위한 교수 활동, 교수 전략, 교수 자료의 다양화를 포함합니다.

교수 활동의 수정 가르칠 과제를 작은 단계로 나누거나, 학습량을 줄이거나, 활동 중심으로 구성하는 방법입니다.

교수 전략의 수정 강의식, 활동 중심, 모둠 중심 등의 방법으로 다양화하며, 교육공학이나 보조 공학 기기의 활용도 포함됩니다. 예를 들어, 언어적 의사소통이 어려운 학생은 보완대체의사소통AAC 기기를 사용할 수 있고, 시각장애 학생은 점자 정보 단말기나 확대 독서기를 활용할 수 있습니다. 지체장애 학생은 신체 움직임을 지지하거나 보조할 수 있는 기기를 사용할 수 있습니다. 또한 주의 집중 시간이 짧은 지적장애나 자폐성 장애 학생에게는 시각적 정보를 제공하면 효과적입니다. 예를 들면 음악 시간에 계이름을 색깔이나 숫자로 구분해 악기를 연주할 수 있도록 도울 수 있습니다. 즉각적이고 지속적인 피드백을 통해 학습 동기를 유지하도록 돕는 것도 중요합니다.

교수 자료의 수정 학습지, 도화지, 스케치북 등의 교구를 고정해 주거나, 얇은 도구에 손잡이를 부착하는 등 물리적 접근성을 높이는 방식으로 수정할 수 있습니다. 단순히 쓰기 활동으로 구성된 학습지를 오려 붙이기 활동으로 변경하는 것도 하나의 예입니다.

5. 교수 평가의 수정

교수 평가의 수정은 학생이 배운 내용을 공정하게 평가받을 수 있도록 시간, 환경, 형태 등을 조정하는 것을 말합니다. 예를 들어, 시험 시간 연장, 시험 장소 변경, 시험지 확대, 대필 허용, 보조 공학 기기 활용, 실기 평가 시 도구 제공이나 대체 과제 제시 등이 이에 해당합니다.

 이런 평가 수정은 각급 학교의 개별화교육지원팀과 학업성적관리위원회에서 심의·의결을 통해 이루어집니다. 평가 조정이나 수정만으로 평가에 참여하기 어려운 학생도 있습니다. 누구나 배운 내용을 평가받을 수 있도록 하는 대안적 평가 방안 마련이 시급합니다.[○○]

[○] 박승희, 「일반학급에 통합된 장애학생의 수업의 질 향상을 위한 교수적 수정의 개념과 실행 방안」, 『특수교육학연구』 34(2), 1999, 29-71쪽.
[○○] 발달장애 학생을 위한 대안 평가에 대해서는 이 책 264쪽 참조.

바지를 내리면 학교에 다닐 수 없어

"연우 엄마, 힘들어서 어떡해요? 연우가 교실에서 옷을 홀딱 벗었다면서요? 부끄러워서 학교 어떻게 다녀요? 그렇다고 안 보낼 수도 없고, 정말 힘들겠어요."

자폐성 장애가 있는 딸 연우가 초등학교 1학년 때 일어난 일이었다. 옷이 젖으면 참지 못하고 벗어 버리는 일은 감각이 예민한 자폐성 장애 아이들에게 흔한 일이다. 다만 장소가 학교일 때 문제가 심각해진다. 교실에서 물을 마시다 옷에 물이 묻어 불편하니 옷을 벗은 모양이었다. 소문이 삽시간에 퍼져 같은 반 학부모들이 나만 보면 그 얘기를 했다. 다들 내 마음이 얼마나 힘드냐고 위로하며 학교를 보낼 수 있겠냐고 했다.

사실 사람들 생각처럼 마음이 지옥 같지는 않았다. 같은 일이 계속 반복될까 봐 염려되긴 했지만, 사회적 상황과 맥락을 잘 파악하지 못하고 부끄러움과 수치심을 느끼지 못하는 게 내 아이가 가진 장애의 전형적 특성이기 때문에 놀랄 일이 아니었다. 의도적으로 저지른 잘못이 아니기에 부끄러워할 필요도 없었다. 오히려 공공장소에서 옷을 벗는 행위는 사회적으로 용납되지 않는다는 것을 배울 수 있는 기회라고 생각했다.

이후로도 몇 차례 같은 일이 일어났는데 민원이 생기기보다는 오히려 반 아이들이 큰 도움이 되었다. 연우의 옷이 젖으면 재빨리 선생님께 말하고 갈아입도록 도왔다. 어떤 날은 어떻게 손을 쓸 틈도 없이 연우가 순식간에 옷을 벗어 버렸는데 여자아이들이 우르르 몰려가 연우를 에워싸고 남자아이들은 교실 밖으로 나갔다는 이야기를 전해 들었다. 선생님이 시킨 것도 아닌데 초등학교 1학년 아이들이 스스로 했다는 게 놀랍고 고마웠다. 선생님과 아이들의 도움과 반복적인 가르침으로 연우는 공공장소에서는 탈의하면 안 된다는 것을 잘 배울 수 있었다.

안타깝게도 학교에서 이런 해피엔딩은 좀처럼 보기 힘들다. 나이가 어려서, 성별이 여자여서 좀 더 수월하게 지나갔다. 아이가 신체적으로 성장할수록 이런 일은 학교에서 용납이 안 된다. 게다가 성별이 남자라면 문제는 완전히 달라진다. 학부모들이 나를 위로하고 걱정했던 것도 어쩌면 여자아이여서인지 모른다. 남자아이라면 '가해자'가 되어 버리기 때문이다. 같은 이유로 바지를 내려도, 아무리 성적인 의도가 없다 하더라도, 성별이 남자라는 이유만으로 '성추

행'이 된다.

　자폐성 장애가 있는 내 아들은 심리적으로 불안정할 때마다 배변 조절에 어려움을 겪는다. 특히 애착 관계를 맺고 있는 중요한 사람과 이별을 경험할 때면 하루에 화장실에 수십 번 들락거리면서도 조절을 못 해 옷을 적시고야 만다. 4년 동안 가족처럼 지내던 활동 지원사 선생님과 헤어졌을 때 수개월 동안 매일 산더미 같은 빨래를 돌려야 했다. 처음엔 건강에 심각한 이상이 생긴 줄 알고 병원에도 가 보았으나 신체에는 이상이 없고 심리적인 문제라는 답변만 받았다. 이별은 누구에게나 힘들지만 자신의 언어로 마음을 표현할 수 있다면 훨씬 수월하게 극복할 텐데, 아들은 말을 하지 못하니 더 상처가 깊은 듯했다. 왜 헤어져야 하는 거냐고, 그립고 보고 싶다고, 불편하다고, 힘들다고 누군가에게 말이라도 할 수 있으면 나을 텐데. 상황이 이해되지도 않고 표현도 못 하는 아이의 마음이 얼마나 힘들지 상상조차 힘들다.

　아무리 장애로 인한 어려움이 있다 하더라도, 규칙을 이해하지 못하고 불편을 언어로 표현하지 못하는 장애가 있다 하더라도, 장애 여부는 중요하지 않다. 학교에서는 옷을 벗으면 안 된다. 옷에 소변을 지려 불편해지면 화장실에 뛰어가거나 누군가에게 도움을 요청할 정도의 인지력과 수치심이 있다면 얼마나 좋을까? 최소한 언어로 가르쳤을 때 빨리 이해하고 행동을 수정할 수 있다면, 마치 '바바리 맨'이라도 된 듯 가해자로 취급당하는 일은 없을 텐데. 안타깝게도 자폐성 장애는 그 정도의 사회성을 갖추기가 힘들다. 반복적인 훈련, 즉 주변 사람들의 끊임없는 지도와 도움이 필요하다.

학교라는 울타리 안에서 우리는 아이들에게 얼마나 기회를 주고 있을까? 학년이 올라갈수록, 단순히 신체가 성장했다는 이유로, 이해와 도움보다는 처벌과 낙인만 강화하고 있는 건 아닐까?

2023년 교육계를 뜨겁게 달구었던 한 유명 웹툰 작가의 아들 이야기는 사실 내 딸과 아들에게도 있었던 일이다. 우리 딸은 성별이 여자라 보호와 도움을 받는 행운을 누렸고, 아들은 웹툰 작가의 아들처럼 특수반에서 더 많은 시간을 보내야 했다. 아이의 안정을 위해 특수반에서 좀 더 시간을 보내는 것이 나은 선택이었기 때문에 동의했지만, 불미스러운 일로 마치 쫓겨나는 듯한 느낌은 어쩔 수 없었다. 엄마인 나의 불안은 딸 때와는 다르게 점점 더 깊어 갔다. 기회를 주고 반복해 가르쳐야 겨우 배울 수 있는 아이에게 기회조차 허락되지 않기 때문이었다. 학교가 아니라면 과연 내 아이는 어디에서 사회적 규칙을 습득할 수 있단 말인가?

내 아이의 행동으로 인해 다른 아이들이 지속적으로 불편을 감수해야 한다는 주장은 아니다. 다른 공간으로 밀어내 문제를 원천 봉쇄하는 방법 말고, 다른 방법을 고민해 볼 수는 없는 걸까? 아이의 옆에서 밀착 지도할 수 있는 전문성을 갖춘 지원 인력이 있다면 상황이 좀 더 나아지지 않을까? 물론 내 아들 옆에는 사회 복무 요원이 있었기 때문에 그나마 웹툰 작가의 아들과 같은 심각한 상황은 막을 수 있었다. 지원 인력도 그냥 옆에 붙여 두는 사람 한 명으로 생각하기 쉽지만, 전문성을 갖춘 사람이 예리하게 아이의 상황을 파악하고 대처해야 진짜 지원이 될 수 있다. 아쉽게도 지원 인력도 한참 부족한 마당에 전문성까지 따질 처지가 아니다. 그러니 인력과 예산이 없는 현장에서는 교육을 포기하고 학생을 '분리'하는 것으로 문제를 해결할 수밖에 없다.

    나는 우리 아이가 학교에서 바지를 내렸다고 해도 놀랍지 않다. 내 아이가 장애가 있다는 사실, 그것이 바로 그 장애의 특성이라는 걸 잘 알기 때문이다. 다만 학교가 화들짝 놀라 분리 외에는 어떠한 교육적 대처도 미흡하다는 사실이 늘 아쉽다. 이 일은 우리 아이들에게만 일어나는 일이 아닌데 말이다. 적어도 '분리'는 '교육'이 아니라 명백한 '차별'이라는 것, 장애가 있는 학생들뿐만 아니라 같은 공간에 있는 비장애 아이들에게도 비교육적이라는 통찰은 우리 교육이 할 수 있었으면 좋겠다.

그 질문, 왜 하면 안 될까?

"어머니, 다음 달부터 생존 수영 수업을 하게 됩니다. 수영 수업의 안전 등 특성상 지원 인력이 없으면 수영장 대기실에서 참관수업을 해야 합니다. 천천히 생각해 보시고 답장 부탁드립니다."

아들 정우의 담임선생님이 보낸 문자메시지를 보는 순간 그대로 얼어붙었다. 무슨 말인지 이해되지 않아 읽고 또 읽었다. 이윽고 '참관수업'이라는 단어에 분노와 슬픔으로 목구멍이 뜨거워졌다. 교사로서 내가 아는 '참관수업'이란 학부모나 동료 교사에게 보여 주는 수업을 의미했다. 학생이 참관수업을 한다니, 무슨 말인지 이해할 수가 없었다. 발달장애가 있는 내 아이는 수영장에서 지원 인력이 없으니 수업을 보기만 해야 한다는 말 같았다.

학부모인 나는 무엇을 천천히 생각해야 할까? 생존 수영 수업을 참관만 해야 하는 사실을 순순히 받아들이라는 말이었을까? 가슴을 가득 채운 불편한 감정 때문에 선생님이 보내온 메시지가 통보인지 협의인지 냉철하게 판단하기 힘들었다. 긴 숨을 여러 번 내뱉은 후 목소리를 가다듬고 담임 선생님에게 전화를 걸었다.

"선생님, 문자메시지 받았습니다. 참관수업을 해야 한다는 게 무슨 말인지 잘 이해되지 않아 전화드렸어요."

"아무래도 정우가 장애가 있다 보니 수영장에서 사고가 일어날까 걱정하는 것 같아요. 안전을 최우선으로 생각하다 보니 수영장에서는 위험할까 봐 염려해 그러는 것 같아요."

선생님은 예상하지 못한 전화에 조금 당황한 듯했다.

"선생님, 정우는 이미 1년도 넘게 수영을 배웠어요. 어쩌면 비장애 아이들보다 수영을 더 잘할지도 모릅니다. 단순히 장애가 있다는 이유로 위험할 것이라고 생각하는 건 속상하네요. 생존 수영도 수업인데 당연히 정우도 수업에 참여하기를 원합니다."

이후에 특수교사로부터 미리 챙기지 못해 미안하다는 사과의 전화를 받았다. 하지만 특수교사의 잘못이 아니었다. 특수교육 대상자도 학생이고 비장애 학생과 동등하게 수업을 받을 권리가 있다. 학교에서 생존 수영 수업을 할 계획이었다면 애초에 처음부터 특수교육 대상자를 고려해 대비해야 했다. 장애 특성에 맞는 지원이 이루어져야 하는 게 당연하다. 게다가 '생존' 수영 수업이 아닌가? 약자가 최우선적으로 고려되어야 하는데 약자인 장애인을 배제하려 했다니

학교에 화가 났다. 알고 보니 이런 식으로 배제되는 학생이 한둘이 아니었다. 한 학부모는 스스로 샤워하고 옷을 갈아입지 못하면 수업에 참여할 수 없다는 담임교사의 공지를 받고 생존 수영 수업이 있는 날은 아이를 학교에 보내지 못했다며 분통을 터뜨렸다.

그냥 넘어가서는 안 된다는 생각이 들어 경기도 교육청에 민원을 넣었다. 다음과 같은 답변을 받았다.

> 귀하께서 제기하신 민원 사항은 '통합 학급 특수 학생의 생존 수영 교육에 대한 차별 개선 요청'에 대한 것으로 이해됩니다. 위 사항에 대해 검토한 의견은 다음과 같습니다.
>
> 가. 우선, 귀하께서 말씀해 주신 특수교육 대상 학생도 생존 수영 수업을 받을 권리와 의무가 있다는 부분에 대해 매우 공감하고 있으며, 차별이 있어서는 안 될 것입니다.
>
> 나. 이에, 경기 교육은 현장의 의견을 반영하고자 실제 과정에서 겪는 어려움들을 살펴보고 개선되도록 노력하고 있습니다.
>
> 「2024년 학생 생존 수영 교육 추진 계획서」에 통합 학급 특수 학생에 대한 현실적 지원을 구체화하여 1명당 1명의 강사를 지원할 수 있도록 안내하

였으며, (일반 학생 15명당 강사 1인 기준) 통합 학급 학생 보조 교사 지원에 대해서도 필요시 지원 인력을 구인하고 인건비가 지급될 수 있도록 명시하였습니다.

다. 그럼에도 불구하고, 또 다른 변수인, 통합 학급 학생에 대해 수영장에서 입수를 거부하는 등 교육 현장에서 실제 진행되고 있는 어려운 상황에 대해서는 경기도교육청에서 지역(김포) 교육지원청과 연계하여 현장을 꼼꼼히 모니터링하고, 관계 기관과 유기적으로 협력하여 지속적인 지원 장학과 컨설팅이 진행되도록 하겠습니다.

라. 더불어, 생존 수영 교육을 시작하기 전에 지역 교육지원청에서 수영장 공고 후, 적합 여부로 판단하는 '수영장 평가제'에 통합 학급 학생 수용 여부가 반영될 수 있도록 충분히 협의하고 안내할 것이며, 학교 현장에도 통합 학급 학생이 생존 수영 교육에 있어 차별받지 않도록 재안내하겠습니다.

마. 또한 생존 수영 교육에 대한 관심으로 제안 주신 귀하의 의견을 매우 소중하게 생각하고 있으며, 더 궁금하시거나 건의하실 사항, 불편한 사항 등의 제안에 대해 더욱더 적극적으로 대처하고 해결해 나갈 것을 약속드립니다.

이미 교육청에서는 특수교육 대상자에게 강사를 지원하도록 안내했다고 하지만 단위 학교에서는 관행에 의해 장애 학생이 배제되는 곳이 많았다. 특히 지역에서 이용 가능한 수영장이 많지 않기 때문에 수영장에서 장애가 있는 학생의 입수를 거부하는 경우에는 답이 없었다.

아이의 학교에서는 긴급히 강사 구인 공문을 띄웠지만, 결국 강사를 구하지 못했다. 어쩔 수 없이 수영 수업 지원을 원치 않았던 사회 복무 요원이 지원하게 되었다. 그렇게 얼렁뚱땅 문제가 해결되는 듯했지만, 마음이 매우 불편했다. 같은 수영장을 이용하고 있는 다른 장애 학생들은 어떻게 수업을 받고 있는지 가슴이 답답했다.

내가 근무하는 학교에서도 비슷한 일이 아무렇지도 않게 일어나고 있음을 아프게 깨달았다. 현장 체험 학습을 앞두고 학년 부장이 통합 학급 담임인 나에게 질문했다.

"그 반에 특수 학생 체험 학습 간대요? 갈 건지 학부모에게 물어보세요."

"네, 같이 가야죠."

나는 물어보지도 않고 답했다.

비장애 아이들에게는 체험 학습을 갈 것인지 아닌지 묻지 않는데, 왜 유독 장애가 있는 아이들에게는 물어보라고 하는지 모르겠다. 물론 특수교사의 동행이나 지원 인력의 확보가 가능한지 사전에 파악하고 준비하기 위해서라는 건 안다. 하지만 대부분의 비장애 아이들이 갈 것이라고 전제하듯 특수교육 대상 학생도 당연히 갈 것으로 생각하고 준비해야 한다. 학교에서 은근히 오지 않기를 바라는 마음이 있다는 것을 나는 안다. 안전을 빌미로 수영장에 입수하지 못하도록 하는 것처럼 학교 밖 체험 활동에서 발생할 수 있는 여러 문제를 원천 봉쇄하려는 마음이다. 얼핏 보면 교육 활동의 안전을 보장하기 위한 선의처럼 보이지만 이는 명백한 차별이지 해결책이 아니다.

"어머니, 다음 달에 있는 체험 학습에 보내실 거지요?"

올해도 이런 질문을 받았다.

"그럼요! 당연히 가야죠!"

속없는 사람처럼 밝게 답했지만, 마음은 복잡했다. 이런 질문을 받을 때마다 괜한 자격지심이 드는 건 어쩔 수 없다.

'선생님이 혹시 우리 아이가 같이 가는 걸 싫어하시나?'

요즘은 체험 학습 전에 학부모에게 미리 참여 여부를 조사하는 이알리미 메시지가 온다. 체험 학습에 못 갈 사정이 있으면 미리 메시지로 답하거나 선생님에게 먼저 얘기할 것이다. 그러니 제발, 학교에서 물어보지 않았으면 좋겠다. 질문하는 것 자체가 차별이 될 수 있다.

비장애 학생에게 체험 학습 참여는 당연하다. 특별한 이유가 있어 참여하지 못할 땐 본인이나 학부모가 직접 불참 의사를 밝힌다. 장애가 있는 학생도 참여하고 싶지 않으면 학교가 물어보지 않아도 스스로 그렇게 할 것이다.

결국 시스템과 의식의 변화가 필요하다. 모든 학생에게 교육의 기회는 당연하고 평등하게 제공되어야 한다. 장애가 있는 학생이든 비장애 학생이든, 체험 학습이나 수영 수업 같은 활동에 참여하는 것은 선택이 아니라 기본적인 권리다. 학교는 그 권리를 보장하기 위해 지원 방안을 마련하고, 학부모가 아니라 학교와 교육 당국이 책임져야 한다.

체험 학습 참여 여부를 묻는 대신, 어떻게 하면 모든 학생이 안전하고 즐겁게 활동에 참여할 수 있을지 고민하고 준비하는 것이 학교의 역할이다. 장애가 있는 학생의 참여를 당연하게 여기고, 이를 위해 필요한 지원을 제공하는 것이 진정한 평등 교육의 시작이다.

선의로 포장된 차별이 아닌, 진정한 포용을 위해서는 작은 질문 하나부터 바뀌어야 한다. "갈 건지 부모에게 물어보세요."라는 말 대신, "모두 함께 가기 위해 무엇이 필요할까요?"라고 묻는 태도가 필요하다. 마음만 있다면, 그리고 그 마음에 기반한 작은 노력이 더해진다면, 그것이 학교와 교육이 나아갈 방향을 비추는 빛이 될 것이다.

조급한 엄마가 되지 않기로

"긴 바늘이 10을 가리키면 몇 분이지?"

"10분."

"연우야, 여기 다시 보자. 긴 바늘이 9를 가리킬 때 45분이었잖아? 그럼 10을 가리키면 몇 분이야?"

"55분."

"연우야, 잘 생각해 봐. 여기 봐. 긴 바늘이 1을 가리키면 5분이고…"

연우가 집중을 하지 못하고 침을 꿀꺽 삼켰다. 사실 연우가 이미 알고 있는 내용이라 몇 번만 반복하고 넘어가려 했는데, 평소와 다르게 계속 틀린 답을 말했다. 오류를 정정하고 맞는 답을 이끌어 내는 과정을 몇 번 반복하다 보니 내 목소리 톤이 살짝 올라갔다. 사실 내가 '살짝'이라고 느낀 것뿐 연우의 입장에서는 다르게 느껴졌을지도 모른다.

나는 야단을 친 것도, 화를 낸 것도 아니었다. 그런데 연우는 긴장하기 시작했다. 그때부터 평소 완벽하게 알고 있다고 생각했던 것들조차 전부 틀리게 수행했다. 나는 최대한 목소리를 부드럽게 하려 했지만 소용이 없었다. 마치 셔터가 내려가고 불이 완전히 꺼진 것처럼, 연우의 사고 흐름이 차단된 느낌이었다. 그 순간, 나는 학습을 계속하는 것이 무의미하다는 걸 깨닫고 학습지를 덮었다. 연우를 안아 주며 말했다.

"엄마가 화난 게 아니야. 그런데 연우가 그렇게 느꼈다면 미안해. 연우는 잘못한 게 없으니까 걱정하지 마. 틀려도 괜찮아. 이제 공부 그만할까?"

연우가 되물었다.

"더 할까?"

나는 놀라면서도 반가운 마음이 들었다.

"그래, 그럼 무슨 공부할까?"

"『쫠쫠 글 읽기』할까?"

"그래, 연우가 좋아하는 『쫠쫠 글 읽기』하자."

그렇게 우리는 20분 정도 더 함께 학습했다. 연우는 다시 즐겁게 공부했고, 나는 속으로 되짚어 보았다. 혹시 내가 시계를 빨리 읽었으면 좋겠다는 욕심을 내진 않았을까? 나의 조급함이 연우를 위축시킨 것은 아니었을까?

아이의 학습 지도는 이토록 섬세한 감정 보살핌이 필요한 과정이다. 특히 세상의 언어를 온전히 이해하지 못하는 아이들은 표정이나 목소리 톤에 더욱 민감하게 반응한다.

연우는 그래도 비교적 빠르게 회복하는 편이지만, 둘째 아이 정우는 이런 상황이 오면 바로 울거나 배변 실수로 이어진다.

나는 학교에서 학습이 어려운 아이들을 지도해 본 경험이 많다. 그래서 이제는 내 아이를 지도하는 일도 꽤 노련해졌다. 아이가 불안감을 느낄 때는 아무리 반복해도 학습이 이루어지지 않는다. 최대한 빨리 아이를 안정시키는 것이 좋다. 이미 불안이 시작된 아이를 공부시켜 봤자 학습 효과가 없을 뿐만 아니라, 부정적 감정이 이후에도 오래 영향을 미칠 수 있기 때문이다.

부모의 조급함 탓에 많은 아이들이 학습을 거부하고 두려워한다. 그래서 나는 가능하면 부모가 직접 학습을 지도하지 않기를 권한다. 부모 입장에서는 아이가 세상을 살아가기 위해 필요한 지식과 기술이 산더미처럼 보인다. 나 역시 연우가 최소한 읽고, 쓰고, 셈하는 정도는 빨리 할 수 있었으면 좋겠다. 그러나 아이의 속도를 존중하지 않으면 모든 것이 무너진다. 어른의 조급함 때문에 아이가 불안해지고, 자존감이 낮아진다면, 결국 아이는 자신을 방어하기 위해 세상을 거부하고 학습이 어려운 사람이 된다.

나는 연우가 언젠가는 시계를 자유롭게 볼 수 있을 거라고 믿는다. 한때 한글 읽기가 불가능해 보였지만, 결국 해낸 것처럼. 하지만 그 '언젠가'가 굳이 빨라야 할 필요는 없다.

설령 성인이 되어서도 어려움을 겪는다면, 누군가 옆에서 도와주면 된다.

무엇보다 중요한 것은 안정된 정서와 상대에 대한 신뢰다. 아무리 지능이 낮더라도, 장애가 있다 하더라도, 정서적 안정과 신뢰가 바탕이 되면 인간은 생을 마감할 때까지 배움을 이어 갈 수 있는 존재다. 나는 내 아이가 세상에 대해 배우는 일을 평생 즐겁게 하기를 바란다. 그것이 당장 시계를 읽는 능력보다 중요하다는 믿음으로 아이를 안아 주었다.

나는 연우에게 시계 읽기를 가르치려 했지만, 결국 연우가 나에게 더 소중한 것을 가르쳐 주었다. 아이를 키운다는 것은 결국 기다림의 연속임을, 배움에도 각자의 속도가 있듯, 성장에도 저마다의 리듬과 템포가 있음을. 때로는 조급함을 내려놓고, 아이가 스스로 성장할 수 있도록 기다리는 것이야말로 가장 좋은 가르침이 아닐까. 부모가 할 일은 그저 아이의 속도를 인정하고, 끝까지 믿어 주는 것인지도 모른다.

존중의 언어

"자녀가 통합 교육을 받으며 가장 좋았던 일과 가장 힘들었던 일을 한 가지씩만 말해 주세요."

예기치 않게 응한 설문 조사라 그런지 분명 좋았던 일이 더 많았음에도 불구하고 선뜻 답변이 나오지 않았다. 반면 힘들었던 일은 바로 여러 가지가 떠올랐다. 나 역시 사람인 이상 부정적인 기억이 먼저 떠오르는 것은 어쩔 수 없었다.

몇 년 전, 딸아이 학부모 상담에 참석했던 날이 아직도 잊히지 않는다. 선생님은 인사를 건네면서도 냉랭한 침묵을 유지한 채 수첩만 바라보고 있었다. 보통 학부모 상담 자리가 그렇듯, 미소로 따뜻하게 상담을 시작하리라 생각했기에 당황스러웠다. 나는 어색한 마음을 감추지 못한 채 겨우 입을 열어 물었다.

"많이 힘드시죠? 혹시 통합반을 처음 맡으셨나요?"

"처음 맡은 건 아닌데, 연우 같은 아이는 처음 봅니다."

뜻밖의 답변에 당황한 나는 황급히 다시 물었다.

"왜요? 연우가 무슨 잘못이라도 했나요?"

"아니요. 할 수 있는 게 아무것도 없더라고요. 글도, 숫자도 모르고, 그림을 그리거나 색칠을 하라고 줘도 아무것도 못 해요."

나는 너무 당황한 나머지, 연우가 할 수 있는 것들을 급하게 늘어놓기 시작했다. 내가 무슨 말을 해도 또래 아이들의 수준에는 한참 미치지 못한다는 현실 때문에 말을 할수록 비참해졌다. 선생님의 태도가 너무 싸늘해 상담 시간을 10분도 채우지 못하고 일어섰다.

집으로 돌아오는 길에는 오랜만에 정성스럽게 한 화장이 다 흘러내리도록 울었다. 설마 아이에게는 이렇게 매정하지 않을 것이라 믿고 싶었다. 가뜩이나 어려운 학교에서 선생님의 따듯한 눈길마저 없으면 아이가 너무 힘들 것 같았다.

발달장애가 있는 아이도 최선을 다해 살아가고 있다고 말하고 싶었다. 지금 모습이 비록 또래보다는 느리지만 온 힘 다해 성장한 모습이라는 것을, 학교에 오기까지 수많은 치료와 수업을 받으며 있는 힘껏 노력하고 있다고 알리고 싶었다. 노심초사 밤잠을 설치며 교문만 바라보고 있는 엄마가 있다는 것을, 무엇보다 우리 아이도 집에서는 가장 귀하게 사랑받는 존재라고 눈물로 호소하고 싶었다.

가끔 장애인이나 그 가족에게는 함부로 말해도 괜찮다고 생각하는 사람들이 있다. 당사자에게 직접 표현은 하지 않더라도 장애인을 비하하고 업신여기는 언어를 아무런 여과 없이 내뱉는 사람들이 있다. 아무리 사적인 대화라도 학생들의 이름을 부르지 않고 '특수', '다문화', '경계선', '자폐', '지적' 같은 말로 부를 때 마음이 너무나 불편하다. 아이들을 특정한 수식어로 분류하는 언어는 장애가 있거나 발달에 어려움을 겪는 아이들을 평가 절하하는 인식에서 비롯된 것임을 부인할 수 없다. 이런 표현을 들을 때마다, 그 발언의 무게와 함께 그들이 지니고 있는 편견에 대해 다시 한번 생각하게 된다. 내 아이들도 어딘가에서 비슷한 시선을 받고 있지 않을까 걱정이 밀려온다.

아이를 낳은 후, 나는 학생들에게 더 조심하게 되었다. 내 아이가 듣고 기분 상할 만한 말은 결코 내 학생들에게도 하지 않으려 노력한다. 내 아이가 들으면 좋을 말을 학생들에게도 해 주려 노력한다. 부모가 되기 전에는 이런 생각조차 못 했던 나 자신이 부끄럽기도 하다. 어쩌면 나도 모르게 학생들에게 평생 상처가 되는 말을 남겼을지도 모른다. 생각만 해도 끔찍하고 미안한 일이다.

어른이 된다는 것은 이렇게 계속해서 내가 과거에 했던 생각과 말을 되짚어 보는 과정이 아닐까? 내가 부모가 되어 깨달았듯, 누군가는 나와 다른 경험으로 아플지 모른다. 서로의 언어에 귀 기울이다 보면 자신이 가진 편견을 깨닫고 서로의 마음에 닿을 수 있지 않을까? 그날 용기가 없어 선생님에게 하지 못한 말을 이렇게 글로 대신해 본다. 우리 사회와 학교에 존중의 언어를 만들어 가고 싶다.

정우가 장애인이에요?

어린이들은 언제 어디서든 친구가 된다. 아이들이 또래를 처음 만나면 접근하는 방법은 항상 비슷하고 투명하다.

"너 몇 살이야? 너 나랑 놀래?"

가끔 놀이터에 가면 자폐성 장애가 있는 내 아들, 정우에게도 누군가 해맑게 다가와 묻는다. 정우는 무슨 말을 해야 할지 몰라서 멀뚱멀뚱 보거나 피해 버린다. 어떤 아이는 집요하게 따라붙었다가 물어보기도 한다.

"너 말할 줄 몰라?"

어린이만이 할 수 있는 직선적 질문에 나는 피식 웃음이 나곤 한다. 오기가 나서라도 "나 말할 줄 알아!"라고 답할 만도 한데, 대답은 안 하고 고개를 숙이거나 피하는 정우의 모습에 나는 애가 탄다. 정우와 놀고 싶었던 아이는 멀찌감치 떨어져 있는 나를 보고 고개를 갸우뚱대다 이내 다른 곳으로 가 버린다. 그때 나는 정우의 얼굴에 여전히 묻어 있는 흥분을 본다. 무언가 새롭고 좋지만, 자신이 없어 망설일 때

예외 없이 나오는 그 표정, 엄마만이 알 수 있는 그 얼굴을 보면 마음이 복잡해진다.

"정우야, 친구가 말을 걸면 대답해 봐. 너도 할 수 있잖아. 엄마랑 연습해 볼까? 정우야 너 몇 살이야?"

"열 살이야."

"이름이 뭐야?"

"서정우야."

엄마와 대화할 때는 스스럼없이 나오는 대답이 또래만 만나면 안 된다. 그래, 엄마와 또래는 엄연히 다르니까. 엄마는 실수해도, 부족해도, 뭘 잘못해도 무조건 사랑해 주니까. 또래는 기다려 주지 않으니까. 나와 다르면 마음을 주지 않으니까. 사랑받지 못하고 거부당할 게 뻔하니까. 그래서 그냥 상처받지 않는 길, 피하는 길을 본능적으로 선택하는지도 모르겠다.

처음부터 그렇지는 않았다. 유아기 땐 훨씬 밝고 활동적인 아이였다. 놀이터에서 누나들이나 형들을 쫓아다니며 놀았고, 또래를 보면 먼저 손을 흔들며 인사했다. 유치원, 학교에 다니며 점점 또래와 발달 격차가 벌어지고 거절당하고 무시받은 경험이 쌓였으리라 짐작한다.

그래도 정우의 얼굴에 제법 자신 있는 미소가 번질 때가 있다.

"정우야! 안녕!"

정우를 아는 반 친구가 달려와 인사할 때다. 동네를 다니다 보면 같은 반 친구를 한둘 만나게 된다. 반 친구들은 멀리서도 뛰어와 반갑게 손을 흔든다. 익숙한 친구에게는 정우도 환하게 웃으며 인사를 한다.

"안녕!"

역시 일상을 함께하는 힘은 놀랍다. 아이들도 정우에 대한 거부감이 없고, 정우도 고개를 숙이지 않는다.

언젠가 정우의 친구에게 통합 교육 관련 뉴스 인터뷰를 한 적이 있다. 그때 정우의 친구가 한 질문을 잊을 수 없다.

"정우가 장애인이에요?"

나는 놀랍도록 순수한 아이의 눈동자에 한참 동안 말을 잇지 못했다.

'아니, 장애인이 아니면 대체 정우가 왜 이렇다고 생각한단 말인가? 이 아이 눈에는 정우의 장애가 안 보이나?'

그래, 어린이들에게는 정우가 보이는 거였다. 친구들에게는 정우가 그냥 정우였다. 매일 함께 지내는데 왜 불편함이 없었겠는가? 서로 적응하며 힘들고 어려운 지점이 분명 있었을 텐데, 이를 장애 때문이 아닌 서로가 지닌 다양한 특성으로 자연스럽게 받아들였다. 그런 자연스러운 분위기 속에서 정우도 용기 내어 인사하는 법을 되찾게 된 게 아닐까?

깍두기 규칙이 보여 준 함께하는 교육

"어머니, 연우가 체육 시간에 규칙을 이해하기 어려워하는데요. 차라리 교실에서 따로 연우에게 맞는 공부를 하는 게 더 나을까요?"

처음엔 내 귀를 의심할 만큼 충격적이었다. 하지만 선생님의 말투와 표정에서 진심 어린 고민이 묻어났다. 자폐성장애가 있는 연우가 아무리 설명을 들어도 규칙을 이해하기 어려워하는 모습을 보며, 선생님도 나름 고민한 것 같았다. 선생님은 연우를 돕고 싶어 했지만, 그 방식이 오히려 연우를 적절한 교육에서 멀어지게 할 수도 있다는 생각이 들었다.

"혼자 따로 떨어져 공부하면 연우가 소외감을 느끼지 않을까요? 비록 규칙을 다 이해하지 못하더라도, 같은 공간에서 친구들과 함께하는 경험이 연우에게 의미가 클 거예요. 그리고 어렵겠지만 단 1분이라도 좋으니, 연우가 참여할 방법을 함께 고민해 주시면 감사하겠습니다."

마음이 아프고 씁쓸했다. 차라리 선생님이 일부러 차별

하고 배제하려는 의도라면 항의라도 할 수 있었을 텐데. 선생님은 선의를 가지고 도우려 하는데, 결국 통합을 포기하는 방향으로 흐르는 것이 안타까웠다. 나는 담임선생님께 통합 체육 수업과 관련된 블로그 주소를 메신저로 보냈다. 큰 기대는 하지 않았다. 그래도 연우를 생각하는 선생님의 마음만큼은 신뢰하며 아이를 학교에 보냈다.

몇 달 뒤 아파트 단지를 산책하다 연우와 같은 반 친구들을 우연히 만났다. 아이들이 공놀이를 하고 있었다.

"어? 연우다! 연우야, 같이 할래?"

아이들이 연우를 반갑게 맞이했다. 같이 하자는 말이 너무도 자연스럽게 나와서 나는 내심 놀랐다. 가만히 지켜보니 딱히 어려운 규칙이 있는 놀이는 아니었다. 그저 대여섯 명이 공을 주고받는 놀이였다.

"연우한테 공 많이 던져 줘. 연우도 하고 싶어 해."

아이 한 명이 말하자 친구들이 한목소리로 알았다고 답했다. 연우가 말로 표현하지도 않았는데 아이들은 표정만 보고도 마음을 알아차렸다.

"연우는 깍두기야. 알았지?"

아이들은 연우에게 던질 때는 연우가 잘 받을 수 있도록 조심스럽게 던졌고, 연우가 던지는 공은 최대한 잘 받으려 노력했다. 놀이 중간에 아이들은 '왼발만 사용하기', 혹은 '뒷짐 지고 손 사용하지 않기' 등으로 자신들에게 적용되는 규칙을 바꾸어 가며 놀았다. 연우의 존재가 놀이의 또 다른 규칙이 된 셈이었다. 연우도 아이들도 금세 놀이에 푹 빠져 뺨이 발그레 물들었다.

"애들아, 깍두기가 뭐야?"

나는 정확한 의미가 궁금해서 물었다.

"학교에서 선생님이 알려 주셨는데요. 우리나라 전통 놀이에서 나이가 어린 사람이나 약한 사람에게 예외 규칙을 적용해 주는 게 있었대요. 그래서 체육 시간에 연우는 깍두기를 많이 해요. 지난번에 피구 할 때도 연우가 깍두기 했는데, 연우가 있어서 더 재미있었어요."

아이들은 신이 나서 설명했다. 어떤 깍두기 규칙이 있는지 서로 설명하려고 야단이었다. 이어달리기를 할 때는 연우가 맨 처음 주자로 운동장 반 바퀴 정도 앞에서 뛴다고 했다. 발야구를 할 때는 도우미가 옆에서 함께 뛰기도 하고, 연우의 줄넘기 실력이 많이 좋아졌다는 이야기도 자랑처럼 했다. 아이들은 나와 조금 다른 존재와 함께하는 것의 의미를 잘 알고 있었다.

만약 학기 초 선생님이 제안했던 대로 체육 시간에 연우가 교실에서 공부했으면 어땠을까? 연우도 친구들도, 경쟁보다 함께 어울리는 것이 더 중요하다는 깍두기 규칙의 의미를 배우지 못했을 것이다. 장애가 있거나 약한 존재는 함께하지 못한다는 걸 당연하게 배웠을지도 모른다.

장애가 있는 학생에게 정말 필요한 교육은 무엇일까? 함께하는 배움인가, 혼자 하는 배움인가? 학생 수는 점점 줄어들지만, 특수교육 대상 학생은 오히려 늘어나고 있다. 최근 많은 학부모가 특수학교 설립을 요구하고 있다. 특수학교 설립은 시간이 걸리기 때문에, 일반 학교 내 병설 특수학교 개념인 '복합 특수학급'을 요구하는 학부모도 많다. 그러나 그 요구가 과연 장애 학생에게 정말 필요한 교육일까? 특수학교나 특수학급에서 개별화된 수업을 받는 것이 정말 가장 절실한 교육일까? 특수학교 설립 요구는 장애 학생에게 필요한 교육적 요구일까, 아니면 통합 교육이 제대로 이루어지지 않고 있다는 방증일까?

물론, 특수학교를 요구하는 부모의 마음은 백번 이해한다. 아직 우리나라의 통합 교육은 인식과 제도 면에서 한참 뒤처져 있기 때문이다. 교육의 수월성을 추구하는 능력주의 사회에서 현실의 벽이 높으니 통합 교육 환경을 개선하려는 노력 대신 '분리 교육'을 선택하는 것이 최선일까? 현실과 타협하고 안위를 좇다 보면 다양성 존중과 사회 통합이라는 궁극의 가치는 결국 영원히 실현할 수 없을 것이다. 통합 교육 환경에서 겪는 수많은 어려움과 변수는 분명 모두에게 도전이 될 수 있다. 하지만, 앞으로 우리가 차별 없는 사회에서 살아가려면 학교와 교육부터 달라져야 하지 않을까?

학교는 단순히 지식을 배우는 곳이 아니라, 다양한 존재와 함께 살아가는 법을 익히는 곳이다. 장애 학생뿐만 아니라 비장애 학생도 마찬가지다. 연우의 친구들이 학교에서 자연스럽게 연우와 함께하는 법을 배웠듯, 더 많은 학생이 서로의 다양성을 존중하며 함께하는 방법을 배울 수 있었으면 좋겠다. 체육 시간에 혼자 공부하는 것이 낫지 않겠냐고 제안했던 선생님도, 어쩌면 경험해 보지 않아서 몰랐던 걸지도 모른다.

하지만, 단순히 '교사들이 더 노력해야 한다'는 식의 접근으로는 통합 교육을 제대로 실현하기 어렵다. 통합 교육이 성공하려면 더 체계적인 지원이 필요하다. 예를 들어, 통합 교육 교사 연수, 지원 인력의 확충, 특수교사와 일반 교사의 협력 교수, 학급당 학생 수 감축 등이 필요하다. 단순히 '함께할 수 있다'는 의지만으로는 부족하다. 학교 시스템과 교사의 업무 환경이 제대로 뒷받침될 때, 통합 교육은 이상이 아닌 현실이 될 수 있다.

장애 학생에게 좋은 교육이란, 모두가 함께할 수 있는 길을 고민하는 교육이다. 그리고 그것은 결국, 모두를 위한 교육이 된다. 개인의 노력만이 아니라, 시스템을 고민하는 사회가 될 때 비로소, 장애 학생뿐만 아니라 모두가 함께 성장하는 교육이 실현된다.

"규칙을 이해하기 어려워도, 신체를 잘 쓰지 못해도, 얼마든지 함께 어울릴 수 있는 방법이 있습니다. 아이들과 함께 고민해 보겠습니다."

이렇게 말할 수 있는 학교와 교사가 많아지기를 바란다.

엄마의 눈으로 본 세상

3장

있는 그대로의 사랑

"병원에 다녀오니 왠지 기분이 좀 그래. 괜히 쓸쓸하고 외롭고."

평소에 자신의 감정을 잘 꺼내 놓지 않는 남편이 어지간히 허전했나 보다. 장애 진단을 받은 후 일정 기간이 지나면 재진단을 받아야 한다. 장애가 사라질 리 없지만 몇 년간 어딘가 모르게 희미해진 낙인을 새로 찍는 듯한 느낌이 드는 건 어쩔 수 없다. 나는 재진단을 받고 온 남편의 한숨 위에 질문을 던졌다.

"왜? 우리가 보기에 연우가 좀 성장해서 장애도 좋아졌을 줄 알았어?"

"아니, 그런 건 아니고. 연우에게 장애가 없었다면 어땠을까 생각해 봤어. 우리 연우는 엉덩이가 무거우니까 아마 공부도 잘했겠지? 착하고 공부도 잘하는 아이였겠지?"

사실은 나도 여러 번 했던 생각이었다. 그때마다 느꼈던 비통한 상실감이 되살아났다. 남편이 얼마나 딸을 애처롭게 여기고 있을지, 그 마음이 남편 말대로 얼마나 쓸쓸할지 짐작이 되어 마음이 아팠다.

"장애가 없다면 그건 이미 우리 연우가 아니지. 장애가 없는 아이를 상상하는 것은 우리 연우가 아닌 다른 아이를 상상하는 거야."

남편의 말에 나는 조용히 대답했다. 이 말은 사실 나 자신에게도 하는 말이었다. 연우가 반향어나 같은 말을 반복하지 않고 비장애 아이들처럼 유창하게 말한다면, 그건 껍데기만 우리 아이일 뿐 다른 사람이다. 상대를 있는 그대로 받아들이지 못한다면 사랑한다고 말할 수 있을까? 너를 위한 나의 '소망'이라는 이름으로 너의 '존재'를 부정하는 일이 된다.

사랑한다는 건 그래서 참 어렵다. 상대에 대한 나의 기대를 내려놓아야 한다. 아무리 상대를 위해 좋은 것이라 판단될지라도, 아무리 내 피와 살을 나눈 자식이라도 내가 원하는 사람이 되어 주기를 기대할 수 없다. 특히 절대적인 존재인 부모의 지나친 기대는 아이를 숨 막히게 한다. 자신의 존재가 존중받고 사랑받는다고 느낄 수 없게 된다.

교사로서 학부모와 상담을 할 때, 나는 종종 남편과 주고받은 대화가 떠오른다. 많은 부모들이 내 아이의 타고난 능력이나 성향을 넘어서 다른 모습이 되기를 기대한다. 학업 성취는 물론, 취미와 관심사, 나아가 사귀는 친구들까지

부모가 원하는 방향에 맞추길 바라는 경우가 많다. 어쩌면 우리는 사랑이라는 이름으로, 아이들의 있는 그대로의 모습을 존중하기보다는 내가 바라는 아이로 자라 주기를 끊임없이 요구하며 아이들의 자존감과 정체성에 상처를 입히고 있는지도 모른다. 하지만 부모로서 느끼는 안타깝고 애처로운 감정도 나와는 다른 존재를 사랑하며 누구나 겪게 되는 자연스러운 과정이 아닐까? 그렇게 사랑을 배우게 되고, 우리도 진짜 어른이 되어 가는 게 아닐까?

   아이의 장애를 생각하면 가슴이 뻐근해지지만, 자신으로 인해 마음 아픈 부모를 보며 스스로를 사랑하지 못할까 봐 얼른 그 마음을 지워 낸다.

   우리는 그렇게 아프게 부모가 되어 가고 있다. 있는 그대로의 사랑을 배우고 있다.

나도 배우고 싶어요

　내가 초등학교 5학년 때 우연히 친구가 다니는 학원에 따라가 수업을 청강한 적이 있다. 영어 수업이었다. 내가 어릴 때 영어는 중학교에 가야 배우는 과목이었다. 수업을 한 번 들었는데 너무 재밌어서 또 가고 싶었다. 나도 영어를 배우고 싶다고 엄마를 졸랐다. 엄마가 영어는 중학교에 가서나 배우는 거라며 허락해 주지 않았다. 그런데 학원 원장이 한 달간 무료로 배우게 해 주겠다는 제안을 했다. 내가 똑똑하고 공부를 잘해서라고 했다. 나는 매일 칭찬을 받으며 신나게 학원을 다녔다. 한글이 아닌 알파벳으로 문장을 만들 수 있다는 게 얼마나 신기하고 재미있던지 매일 영작하는 재미에 푹 빠져 지냈다. 배우고 싶은 것을 배운 어린 시절 그 경험 덕분에 나는 결국 영어 교사가 되었다.
　자폐성 장애가 있는 내 아이는 그 무엇에도 흥미가 없었다. 보통 어린이들이 좋아하는 장난감도 싫어했고, 영상조차 보지 않았다. 아이의 눈을 가만히 들여다보고 있으면 무언가 보이지 않는 두터운 막이 덮여 있는 듯했다. 좋아하는 것이 없다는 사실이 답답해서 매일 이것저것 아이의 흥미를 끌 만한 것을 찾았다. 그러던 중 아이가 요리에 지극한 관심을 보였다. 집에서 내가 요리할 때 거들게 하니 그동안 어떤 활동에서도 안 보이던 집중력과 표정을 보였다. 마침 동네에 어린이 요리 교실이 있기에 아이를 데리고 방문해 시범 수업을 해 봤다. 다른 아이들보다 조금 느리긴 했지만 너무나 의젓하게 주어진 과제를 해내는 모습에 얼마나 기뻤는지 모른다.

'드디어 내 아이도 비장애 아이들과 함께 수업을 할 수 있겠구나! 흥미를 찾아서 참 다행이다.'

수업이 끝나고 등록을 하려고 카드를 내밀었는데, 학원 원장이 난처한 표정을 지었다.

"어머니, 수업 등록은 어렵습니다."

"왜요? 보니까 잘 따라 하던데요? 문제도 전혀 일으키지 않았잖아요."

"저희가 인력이 없어서 따로 봐줄 여력이 안 돼요."

"오늘 보니 대부분 과정을 스스로 잘 따라 하던데요. 기회를 주시면 저희 아이도 점점 더 잘할 거예요."

내 부탁에 원장은 인력이 없다는 말만 반복했다.

"저희 아이를 도와줄 인력이 필요하다면 제가 자원봉사하겠습니다. 저 교사라서 아이들 지원 잘합니다."

"어머니, 이러시면 정말 곤란합니다. 학원 입장도 생각해 주세요. 장애 아이가 들어오면 학부모들 민원이 심합니다."

원장은 한사코 고개를 저었다. 돌아오는 길 아이는 자가용 뒷좌석에서 노래를 부르는데 내 뺨에는 눈물이 흘렀다.

다음 날 아침 아이는 일어나자마자 전날 수업에서 만든 쿠키 박스를 찾아 끌어안았다. 자신의 물건도 제대로 알지 못하는 아이인데 놀라웠다. 나를 보며 어딘가 모르게 수줍게 웃는 모습이 꼭 '엄마, 수업 또 하고 싶어요.'라고 말하는 것 같았다.

"연우 어제 요리 수업이 좋았구나. 또 가고 싶어?"

"또 가고 싶어요."

비록 내 말을 따라 하는 반향어였지만, 나는 분명히 알고 있었다. 아이가 온 마음을 다해 원하고 있다는 것을.

고민 끝에 자존심을 버리기로 했다. 학원에 다시 한번 전화를 하는데 내 평생 처음으로 누군가에게 무릎을 꿇는 듯한 느낌이 들었다. 아니, 찾아가 무릎이라도 꿇고 싶었다.

"아이가 수업이 너무 좋았다고 쿠키 박스를 끌어안고 있어요. 한 번만 기회를 주시면 안 될까요? 혹시 가능하다면 수업료는 두 배로 내겠습니다."

"어머니, 어제 말씀드렸잖아요. 수업료를 얼마를 내든 저희는 장애아를 받을 수 없어요."

'장애아'라는 단호한 말에 나는 또다시 무너지고 말았

다. 본심을 드러낸 원장을 찾아가 어린이한테 너무한 거 아니냐고 멱살이라도 흔들고 싶은 충동이 일었다. 내가 그에게 달라붙은 거머리처럼 느껴져 황급히 전화를 끊고 눈물을 쏟았다.

어른이 되어 돌아보니 나는 어린 시절 참 많은 기회를 거저 받았다. 교회, 학원, 공원, 식당, 동네 마트, 빵집, 심지어 버스 정류장에서도 어른들의 눈웃음과 함께 환영받은 기억만 남아 있다. 단지 어린이라는 이유만으로 무료입장이 되는 곳도 많았고, 어디에 가도 과자나 사탕을 챙겨 주고 싶어 하는 어른이 가득했다. 세월이 많이 흘렀지만, 지금의 어린이들도 다르지 않을 것이다. 내 아이들 손을 잡고 어디든 가면 장애가 드러나기 전까지는 환영의 눈길을 받으니 말이다.

장애가 드러나는 순간부터 아이들은 '어린이'가 아니라 '장애인'이 된다. 어린이와 장애인의 정체성을 공유하지만, 어린이는 온데간데없고 장애만이 드러난다. 순식간에 환영받는 존재에서 피하고 싶은 존재가 된다. 내가 온몸으로 느끼는 것을 당사자인 아이들이 모를 리 없다. 울음과 짜증으로 때로는 자해로 표현한다. 말을 못 한다고 느끼지 못하는 것은 아니니까. 자신이 환영받지 못한다는 느낌은 말로 표현해 내지 못하는 답답함과 만나 억울함과 슬픔이 된다. 거절당할 때마다 욕이라도 실컷 할 수 있는 나와는 차원이 다른 설움이 아닐까. 가장 가까운 곳에서 아이들을 지켜보는 나는 그렇게 짐작만 할 뿐이다.

누구에게나 어린 시절을 향유할 권리가

자폐 진단을 받고 아이를 어떻게 키워야 하냐고 질문을 쏟아 내는 내게 담당 의사가 말했다.

"다른 아이들과 다르다는 생각을 버리세요. 그냥 똑같이 아이를 키운다고 생각하고 키우시면 됩니다."

그 답변이 오래도록 마음에 남았다. 이후로는 매사에 '이 아이가 장애가 없었다면 어떻게 했을까?'를 자주 생각해 보았다. 그리고 또래 비장애 아이들이 다니고 경험할 만한 것들을 찾아보기 시작했다. 하지만 세상은 내 마음과 많이 달랐다. 이 세상은 장애가 있는 아이들을 장애가 없는 아이들과 같게 키울 수 있도록 허락해 주지 않았다. 어린이들이 많이 가는 동네 학원 어디에서도 우리 아이들을 받아 주지 않아 복지관, 치료실만 전전해야 했다. 누구나 가는 학교에 보냈지만, 하루도 마음 편히 보내는 날이 없었다. 모든 아이들이 누리는 일상이, 우리 아이들에게는 감히 넘볼 수 없는 세계 같았다.

큰아이가 자폐 진단을 받은 지 10년쯤 흘렀다. 그사이 발달장애 관련 인기 드라마도 방영되고, 탈시설에 관한 논의도 많아지는 등 긍정적 변화가 보였다. 하지만 아직도 아이와 함께 갈 수 없는 곳이 많고, 아이를 곱지 않게 보는 시선을 자주 만난다. 아마 아직도 많은 이들이 잘 몰라서, 익숙하지 않은 데서 오는 두려움이 커서 그런 듯하다.

아이들과 일상을 사는 나는 가정에서는 아이들의 장애가 전혀 불편하지 않다. 대부분의 시간, 장애를 의식조차 하지 않고 살아간다. 하지만 대문 밖으로 나와도 여느 아이들처럼 평범한 일상을 살면 좋겠다. 의사의 말처럼 양육자가 내 아이는 다르다는 생각을 버릴 수 있을 만큼, 어디서든 어린이라는 이유만으로 환대받는 사회가 되었으면 좋겠다. 장애 특성이 낯설거나 불편하지 않을 만큼 누구나 장애를 마음껏 드러내고 말하는 사회, 장애 어린이도 배우고 싶은 것은 실컷 배우는 환경, 장애와 상관없이 누구나 친구가 되는 세상을 내 아이들이 누릴 날이 오기를 바란다. 장애가 있는 어린이에게도, 내 아이들에게도, 누구에게나 어린 시절을 향유할 권리가 있으니까.

장애로 퉁 쳐지는 사람

양손에 아이들 손을 잡아 주머니에 넣고 세 시간쯤 걸었다. 주머니 속에서 꼼지락대는 손을 의식할 때마다 내가 살아 있다는 것이, 살아서 아이들의 손을 잡을 수 있다는 것이 얼마나 감사한지 얼어붙은 뺨을 움직여 자꾸만 미소 짓게 되었다.

한참을 걸었는데 이상했다. 한 손은 축축한 보드라움이, 다른 손은 거칠고 건조함이 동시에 느껴졌다. 꽤 오래 두 손을 잡고 걸었는데 한 손은 열기가 올라 땀이 흥건했고, 다른 손은 차갑게 버석거렸다. 습기를 머금은 행주같이 축축한 손은 잠시 거리를 두어 말리느라 바빴고, 마른 장작 같이 건조한 다른 한 손은 손가락 끝에 온기를 잡아 두느라 꼭 잡은 손을 놓을 수가 없었다.

두 손의 느낌에 잠시 머물러 보았다. 내 속으로 난 두 자식이 성별도 체질도 기질도 너무나 다르다. 한 아이는 크림과 오일을 떡칠해도 금세 피부가 말라 버리고, 다른 아이는 로션만 발라도 늘 촉촉하다. 한 아이는 엉덩이가 무거워도 너무 무겁고, 다른 한 아이는 두 다리가 가볍다 못해 순식간에 어디론가 사라져 버린다.

이렇게 다른 두 아이들이 같은 장애를 가지고 있다. 사람들은 무슨 장애가 있는지 궁금해하는데, 일단 자폐라고 하면 그 단어가 주는 무게감에 어쩔 줄 모른다. 그러고 나서는 그다지 궁금해하지 않는다. 두 아이가 마치 같은 병에 걸린 것처럼 여긴다. 몹쓸 병에 걸려 고유한 인간성마저 상실한 것처럼.

나는 늘 두 아이가 어떻게 다른지, 어떤 다른 매력이 있는지 얘기하고 싶다. 어쩜 사람은 저마다 매력적인지, 그리고 이토록 경이로운 존재인지를 말하고 싶다. 자폐 스펙트럼 장애로 모든 걸 퉁 쳐야 하는 게 엄마인 나도 이리 안타까운데, 당사자인 아이들은 얼마나 억울할까.

어느 날 경력 30년이 넘은 한 교사가 내게 물었다.

"3학년 동혁이와 1학년 기철이는 왜 이리 달라요? 둘 다 자폐인데 너무 다른 것 같아서요."

나는 잠시 먹먹했다. 동혁이와 기철이는 나이도 외모도 성격도 서로 완전히 다른 아이들이다. 한배에서 태어난 쌍둥이도 다른 법인데, 동혁이와 기철이는 왜 비슷할 것이라 생각했을까?

"같은 장애가 있어도 다 다릅니다. 모든 인간이 자신만의 고유한 특성이 있듯, 장애가 있는 사람도 각기 다른 기질과 성품을 가지고 있어요. 우리가 같은 병에 걸렸다고 비슷한 사람이 되지 않는 것처럼요. 물론 장애에 따른 특정한 어려움을 비슷하게 경험할 수는 있습니다. 이 또한 비장애인들과 같아요."

내 답변을 들은 교사는 고개를 끄덕였지만, 나는 씁쓸했다. 30년 이상 다양한 학생을 만나 온 교사도 이럴진대, 보통 사람들도 대부분 비슷하게 생각하는 게 아닐까?

사람들은 쉽게 장애를 한 단어로 묶어 생각하려 한다. 그 한 단어 안에 수많은 삶과 개성, 그리고 각자의 매력이 있음을 모른 채 말이다. 아이들의 손을 잡고 걸으면서 나는 결심했다. 아이들의 다름을 더 적극적으로 이야기해야겠다고. 자폐라는 단어에 갇힌 내 아이들의 매력을 세상에 알려야겠다고.

'다르다'는 것은 곧 '특별하다'는 의미다. 다르다는 건 그만큼 더 많이 사랑할 수 있다는 의미다. 각자의 다른 속도로, 다른 방식으로 세상을 만나는 아이들 덕분에 나는 세상의 아름다움을 더욱 깊게 느낄 수 있었다.

나는 작은 대화 하나가 세상을 바꿀 수 있다고 믿는다. 내가 선배 교사에게 알려 주었듯, 더 많은 사람과 소통하며 알리고 싶다. 조금씩, 천천히, 사람들의 생각이 바뀌어 가리라. 내 아이들이 마음껏 다른 모습으로 사랑받고 인정받을 수 있는 세상을 꿈꾸며, 나는 다시 두 아이의 손을 꼭 잡고 걸음을 옮겼다.

버스 하나 해 먹은 날

"수현아, 내가 오늘 정우랑 두 시간 돌아다녔는데, 어찌나 눈물이 나던지. 너 그동안 정말 힘들었겠다. 언니가 몰라줘서 미안하다."

"내가 말했잖아? 뭘 새삼스럽게."

"말로 듣는 거랑 직접 겪는 건 완전히 다르더라. 사람들은 왜 그렇게 조금만 다르면 노골적으로 째려보는 거야? 너무 화가 나서 한 대씩 때려 주고 싶더라."

"언니, 그것도 내가 예전에 다 얘기했던 거잖아. 하하. 두 시간 맡기길 잘했네. 역시 인간은 직접 겪어 봐야 깨닫는 존재라니까."

몇 년 전, 친한 언니와 나눈 대화가 떠올랐다.

나도 그랬다. 휠체어 사용 장애인의 어려움은 익히 들어 알고 있다고 생각했다. 충분히 공감하고 있다고도 믿었다. 하지만 그건 말 그대로, 마치 책에서 배운 지식처럼 '아는 수준'에 불과했다.

어느 여름날 저녁, 모임을 마친 뒤 휠체어를 사용하는 친구 영웅이와 함께 지하철역으로 향했다. 같은 방향이라 함께 지하철을 타고 가려 했지만, 예상치 못한 난관에 부딪혔다. 지하철 승강기가 공사 중이었다. 계단으로 이동할 수 없는 사람이 있으니, 당연히 대체 통로가 있을 거라고 생각했다. 주변을 뛰어다니며 찾았지만 방법이 없었다. 하는 수 없이 버스를 타기로 했다. 다행히 저상 버스가 곧 도착했다.

"와, 휠체어로 버스 타는 거 처음 봐. 신기하다."

나는 땀을 닦으며 말했다. 자리에 앉아 한숨을 돌리려는 순간, 차에서 반복적으로 삐삐 소리가 났다. 영웅이를 태우기 위해 내려왔던 리프트가 올라오지 않았다. 버스 기사는 온갖 애를 썼지만 리프트는 꿈쩍도 안 했다.

몇 분이 지나자 버스 안은 웅성거림으로 가득 찼고, 사람들은 하나둘 내렸다. 어떤 사람은 불쾌하다는 듯 우리를 힐끗거리며 툴툴거리다 내렸고, 또 어떤 사람은 우리를 향해 다정한 한마디를 건넸다.

"괜찮아요. 장애인 잘못 아니니까 걱정 마세요."

그 말이 오히려 나를 얼어붙게 만들었다. 요란한 소리만 내며 바닥에 붙은 리프트가 야속했다.

"안 되겠다. 내리자."

당황한 나와 달리, 영웅이는 침착했다.

"이런 걸 뭐라고 하는 줄 알아?"

땀과 긴장으로 얼굴이 벌게진 나에게 영웅이가 말했다.

"버스 하나 해 먹었다고 해. 하하."

웃을 일이 아니었지만, 영웅이는 너털웃음을 터뜨렸다. 불편을 일상으로 견디며 초월해 버린 사람만이 가질 수 있는, 애환이 밴 웃음이었다.

우리는 근처에 있는 다른 역으로 뛰었다. 이번엔 승강기가 작동했지만, 아슬아슬하게 막차가 끊긴 뒤였다. 영웅이는 잠시 고민하다 장애인 콜택시를 호출했다. 택시라고 하니 나는 당연히 금방 올 줄 알았다.

"휴, 이제야 집에 갈 수 있겠다."

"아직 한숨 돌리긴 일러. 콜택시 대기자가 다섯 명이 넘으니 언제 올지 몰라. 어디 들어가서 맥주나 한잔하자."

택시를 기다리는데 맥주를 마시러 가자고? 처음엔 이해가 되지 않았다. 하지만 한 시간 이상 걸릴 거라는 영웅이의 말에 다리가 아파 왔다. 더위와 피로에 지친 우리는 어디라도 앉아야 했다.

"그래, 그러자. 우리 뭐 먹을까? 치킨? 떡볶이?"

나는 애써 분위기를 띄우려 했다. 그런데 그 순간, 영웅이가 찬물을 끼얹었다.

"자, 이제 휠체어가 들어갈 수 있는 곳을 찾아야 해."

먹고 싶은 음식을 고르는 게 아니었다. 들어갈 수 있는 곳을 찾아야 했다. 식당과 술집이 지천인 번화가 연신내에,

우리가 갈 수 있는 곳은 없었다. 입구의 턱은 하나같이 너무 높았고, 문턱이 없는 곳은 보이지 않았다. 살면서 한 번도 의식하지 못했던 '턱'이 그렇게 높게 느껴지긴 처음이었다.

몇십 분을 헤매다 겨우 한 곳을 찾았다. 선택의 여지는 없었다. 덥고 습한 날씨에 너무 많이 걸어서 퉁퉁 부어 버린 발이 쉴 수 있다니, 기쁨의 함성을 질렀다.

"와! 드디어 들어갈 수 있는 곳을 찾았다!"

목구멍을 타고 넘어가는 맥주 한 모금이 그렇게 꿀맛일 줄은 몰랐다.

"같이 다니기 힘들지? 미안해."

영웅이의 말에 나는 울컥했다.

그가 뭘 잘못했단 말인가. 대중교통을 이용하려 한 게 잘못일까? 한 시간 넘게 기다려야 하는 택시를 부른 게? 잠시 앉아 땀을 식히고 목을 축일 공간을 찾으려 한 게? 어떤 다른 대안이 우리의 귀가를 안전하게 보장할 수 있었을까? 경찰이라도 불러야 했을까? 그 순간, 나는 왜 영웅이가 법과 정치·외교를 공부하고 정치인이 되고 싶어 하는지 알게 되었다.

나와 친한 언니가 정우와 함께 시간을 보내고 나서야 비로소 진짜 공감을 했던 것처럼, 나 역시 직접 경험해 보니 공감을 넘어선 충격이 밀려왔다. 이게 누군가의 '일상'이라면, 그 일상을 산다는 것만으로도 이미 투쟁이었다.

그날 이후 나는 길에서 턱을 만날 때마다 그 일이 생각났다. 식당에 가면 늘 문턱을 살펴보게 되었다. 아파트 승강기가 고장 나면 이웃에 혹시 휠체어를 사용하는 장애인은 없을까 걱정이 되었다. 내가 그동안 얼마나 비장애인 중심인 세상을 무심히 누리며 살았는지, 그제야 알게 되었다. 아무렇지 않게 누려 온 것들이 누군가에게는 결코 닿을 수 없는 간절함이라는 걸, 너무 늦게 깨달아 미안했다.

야만 사회

"연우 어머니! 병원 응급실입니다. 빨리 오세요."
전화기 너머로 다급한 목소리가 들려왔다.
간신히 정신을 붙잡고 병원으로 달려갔다. 떨리는 손으로 핸들을 잡았지만, 심장은 이미 제멋대로 뛰고 있었다. 응급실 문을 열고 들어가자마자 보인 것은, 온몸과 얼굴이 퉁퉁 부어올라 알아볼 수 없는 아이. 믿고 싶지 않았다. 하지만 아이가 입고 있는 옷은 분명 내 딸의 것이었다. 침대 위의 아이는 호흡기에 의지해 간신히 숨을 쉬고 있었다. 의사가 다가와 뭐라고 말했지만, 잘 들리지 않았다.
"이미 주사를 몇 대 맞았습니다."
다섯 살 아이의 작은 몸에 무슨 짓을 한 건지, 나는 공포와 분노로 무너져 내릴 것 같았다.
나는 아침마다 어린이집 급식표를 확인했다. 아이가 호두에 알레르기가 있기 때문이다. 그날 아침 급식표에 호두가 있는 것을 확인하고 어린이집 담임선생님과 영양사 선생님에게 전화를 했다. 그들은 연우에게 호두 알레르기가 있는 것을 이미 알고 있으니 걱정 말라는 말로 나를 안심시켰다.

"이게 대체 어떻게 된 일인가요?"

"어린이집이 워낙 정신이 없다 보니 그만 모두가 깜빡했어요. 정말 죄송합니다."

실수로 연우 식판에 멸치 호두 볶음을 배식했고, 뒤늦게 깨닫고 달려가니 연우는 이미 호두를 입에 넣은 상태였다고 했다.

목숨이 위험할 수 있다고 몇 번을 언급했는지 모른다. 사람들은 알레르기로 사람이 사망에 이를 수 있다는 사실을 유난스러운 엄마의 호들갑쯤으로 여기는 것 같다.

아이가 어릴 적, 잠시 미국에서 거주한 적이 있다. 지금과 비교하면 그 시절은 꽤 편안했다. 도서관에서 운영하는 영유아 프로그램에 등록했을 때가 기억에 남는다. 신청서에는 아이의 알레르기 유무를 적는 항목이 있었다. 우리 아이가 참여하는 날이면 도서관 입구에 "No Walnut Inside"라는 안내문이 큼지막하게 붙었다.

지역 커뮤니티에서 진행하는 영유아 프로그램(우리나라의 문화센터와 비슷한 형태)에서도 마찬가지였다. 간단한 간식을 가져오는 일이 잦았지만, 모든 부모에게 견과류는 지양해 달라는 안내가 반복적으로 전달됐다. 소수를 배려하는 문화에 익숙하지 않았던 나는 처음엔 매번 미안한 마음이 들었지만, 그 작은 배려 하나에 마음이 참 많이 놓였다.

미국에서는 간단한 간식이 오가는 자리라면 어디든 이렇게 묻는 것이 당연했다. "혹시 알레르기가 있나요?" 누군가 알레르기가 있다고 말하면, 그 사실은 자연스럽게 모든 참가자에게 공유되었고, 모두가 함께 조심했다. 소규모 모임부터 대규모 행사까지, 예외는 없었다. 그런 세심함이 생활 속에 자연스럽게 녹아 있는 것이 인상 깊었다.

한국으로 돌아온 뒤 상황은 완전히 달라졌다. 아무리 알레르기가 있다고 외쳐 봤자 돌아오는 건 부주의한 반응뿐이었다. 치료실, 어린이집, 유치원, 학교… 환경이 바뀔 때마다 같은 과정을 반복했다. 선생님이 바뀔 때마다 편지를 쓰고, 직접 찾아가 이야기하고, 문자메시지로도 재차 당부했다. 하지만 노력은 늘 어김없이 한순간에 허공에 흩어졌다. 매년 갑작스러운 알레르기 반응이 아이를 덮쳤고, 그때마다 응급실이나 병원으로 달려가야 했다. 기관에 보내야만 하는 부모로서 불안과 피로가 일상이 되었다.

아이가 어릴 땐 어디를 가든 도시락을 싸는 게 기본이었다. 나는 아이가 먹는 음식에 극도로 예민해질 수밖에 없었다. 하지만 나를 이해하는 사람은 많지 않았다. 주변 사람들의 반응은 날카롭고 냉정했다. '유별난 엄마', '예민한 엄마'라는 시선이 늘 따라다녔다. 심지어 어떤 사람은 나에게 잊을 수 없는 말로 깊은 상처를 남겼다.

"엄마가 그렇게 예민하니 아이가 알레르기를 극복 못 하는 거야."

연우가 초등학교 4학년 때의 일이었다. 처음으로 방과 후 수업에 참여하게 되었는데, 수업 중간에 간식 시간이 포함되어 있었다. 나는 혹시 모를 상황에 대비해 미리 선생님께 요청을 드렸다.

"선생님, 연우가 여러 음식에 알레르기가 있어서 간식을 먹을 수가 없어요. 간식 시간을 수업 마칠 때쯤으로 조정해 주시면 제가 조금 일찍 데리러 가겠습니다."

부탁은 신중히, 그러나 간절한 마음으로 한 것이었다. 수업 시간을 크게 변경하지 않아도 되는 일이니, 이해해 줄 거라고 믿었다. 하지만 돌아온 대답은 단호하고 차가웠다.

"연우 한 명 때문에 다른 모든 아이의 시간을 변경할 수는 없습니다. 간식 먹는 시간에 연우는 교실 구석에 떨어뜨려 놓을게요."

순간, 머릿속이 하얘졌다.

'구석에 떨어뜨려 놓겠다니?'

그 말은 마치 연우가 불편한 존재라는 선언처럼 들렸다. 선생님의 딱딱한 태도는 내가 할 수 있는 어떤 설득도 허용하지 않는 벽처럼 느껴졌다.

나는 문득 생각해 보았다. 미국이었다면 어땠을까? 아

마 연우가 먹을 수 있는 다른 간식을 준비해 주었을 것이다. 혹은 간식 시간을 조정하거나, 아이가 소외감을 느끼지 않도록 배려했을 것이다. 적어도, 먹지 못한다는 이유로 아이를 구석으로 내모는 일은 없었을 것이다. 사고의 차이가 이렇게 무서울 줄 몰랐다. 미국에서는 내가 특별히 주장하지 않아도, 알레르기가 있는 아이의 목숨은 물론, 감정까지도 세심하게 배려해 주었다. 그것이 너무도 당연한 일처럼 여겨졌다. 하지만 한국에서는 달랐다. 여기에서 나는 내 아이만 생각하는 이기적인 엄마가 되었다.

 이런 일들은 내가 알레르기가 있는 아이를 키우며 수없이 겪었지만, 겪을 때마다 아프고 막막하다. 도저히 허물 수 없는 벽을 느끼기 때문이다. 아이가 장애가 없었다면 좀 더 나았을까. 스스로 먹어서는 안 되는 것들을 구분할 수 있다면 그래도 조금은 나았겠지. 아이의 상처는 차치하고라도, 응급실로 뛰어가는 일은 줄일 수 있을 테니까.

 알레르기는 장애와 마찬가지로 극복할 수 있는 것이 아니다. 물론 드물지만 있던 알레르기가 갑자기 없어지기도 하고, 없던 알레르기가 생기기도 한다. 하지만 대부분의 사람들이 알레르기를 평생 가지고 간다. 누군가에게는 생명과 건강에 관한 중요한 문제인데, 아직 우리나라에서는 이에 대한 인식이 부족하다. 알레르기를 음식에 대한 취향쯤으로 여기는 사람들도 많다.

알레르기로 인해 목숨을 잃은 사례는 우리나라에서도 낯설지 않다. 학교 급식으로 나온 카레를 먹고 뇌사 상태에 빠졌다가 사망한 초등학생의 이야기는 많은 이들이 기억하고 있을 것이다. 하지만 여전히 급식을 먹고 알레르기 쇼크로 응급실에 실려 가는 아이들이 매년 보고되고 있다. 못 먹는 김밥을 억지로 먹이다 자폐인이 사망하는 일은 미국에서는 상상도 할 수 없다.

이제 한국도 다양성의 사회로 진입했다. 다수의 편의를 위해 소수가 조용히 굶거나, 아프거나, 불편을 감내하며 희생해야 한다는 태도가 더는 용납되어서는 안 된다. 단순히 배려의 문제가 아니다. 생명보다 소중한 것은 없다. 한 사람의 생명을 귀하게 여기는 마음은 인간 사회가 유지되기 위한 가장 기본적인 덕목이다. 세심한 고민과 변화는 이제 선택이 아니라 필수다. 다수가 조금의 불편을 감수한다고 해서 생명이 위협받는 현실을 외면하는 것은 야만에 가깝다. 다양한 목소리가 존중받고, 누구도 배제되지 않는 사회. 그것이 성숙한 공동체의 모습 아닐까.

접시빵 주세요

"접시빵 주세요."

"접시빵이 뭐야? 접시빵이라는 게 있어?"

접시빵을 달라는 연우의 말을 들은 내 친구가 물었다.

"응. 접시에 빵을 올려서 오븐에 구워 달라는 얘기야."

연우가 좋아하는 빵을 간식으로 줄 때, 나는 늘 빨간 접시에 빵을 올려 오븐에 굽는다. 시각적으로 기억하고, 기억을 언어로 매끄럽게 표현하지 못하는 연우가 머릿속에 떠오르는 이미지를 표현한 것이다.

연우를 처음 본 사람이나 드문드문 보는 사람은 잘 모르겠지만, 가족이나 활동 지원사, 자주 보는 친구들은 연우의 말을 잘 알아듣는다. 물론 바른 표현을 알려 주긴 하지만, 연우에겐 어려울 것이다. 우리가 영어를 듣고 이해하는 만큼 말하지 못하듯, 연우에겐 우리말이 마치 외국어와 같다. 내 학생들도 영어로 대화하라고 하면 단어만 띄엄띄엄 말하는 경우가 많은데, 연우가 우리말을 하는 것과 흡사하다.

내가 퇴근 후 집에 돌아오면 가장 먼저 연우가 달려 나와 문을 열어 준다.

"엄마 잘 갔다 왔어. 우리 연우 잘 있었어?"

내가 하는 말이 아니고, 연우가 나를 보고 하는 말이다.

이런 것을 '반향어'라고 한다. 특정 상황에서 들었던 말을 기억했다 그대로 하는 것이다. 활동 지원사 선생님이 인사말을 매일 열심히 지도하지만, 몇 년을 해도 자연스럽게 나오지 않는다. 아이에게 인사말을 지도하며 우리말이 어렵다는 걸 처음 깨달았다. 영어로 'Hi' 또는 'Bye' 한마디면 끝나는 걸 우리는 대상과 상황에 따라 다르게 한다. 안녕, 안녕하세요, 잘 가, 안녕히 가세요, 잘 다녀와, 다녀오세요, 다녀오셨어요, 다녀왔습니다, 다녀올게요… 이 무수한 말들 사이에서 난처한 표정을 지으며 겨우겨우 입을 떼는 아이의 모습에 웃음이 난다. 대한민국에서 태어나 참 고생이 많다 싶다.

내가 집 안으로 들어가면 연우는 또 웃으며 반향어로 얘기한다.

"엄마 씻고 나올게. 씻고 나와서 맛있는 거 줄게."

그러고는 빨리 씻고 나오라는 듯 나를 욕실로 민다. 내가 운동복으로 갈아입으면 금세 달려와 말한다.

"운동 다녀올게."

대부분의 치료사들은 내가 할 말을 하지 말고, 연우가

해야 할 말을 해 주라고 한다. 예를 들면, 직장에 다녀왔을 때 "엄마 다녀오셨어요." 하고, 욕실에 들어갈 땐 "엄마 씻고 나와서 맛있는 거 주세요." 하라는 거다.

몇 년간은 그렇게 신경 쓰며 살았다. 열심히 했다. 그렇게 해도 반향어는 좀체 고쳐지지 않았다. 일상에서 모든 언어를 아이가 해야 할 말로 고쳐서 할 수도 없을 뿐만 아니라, 그게 얼마나 부자연스러운지를 아이가 기가 막히게 알아차린다.

내가 퇴근 후 집에 오면 이렇게 말하는 것이다.

"'엄마 잘 갔다 왔어'가 아니고 '다녀오셨어요' 해야지."

물론 나는 "다녀오셨어요."만 했다. 내 연기력이 부족했는지는 모르겠지만.

모든 언어를 아이 중심으로 생각하고 고치는 피곤한 작업을 거치면서 나는 이게 과연 누구를 위한 일일까 하는 생각이 들었다. 아이에게 이렇게 알려 주는 것이 아이에게 도움이 될까? 아이만의 언어 세계가 분명 있는데, 그것을 오히려 내가 존중하지 않고 끊임없이 고치려 하는 건 아닐까?

반향어로 말하면 왜 안 되는 걸까? 의사소통이 안 되는 것도 아닌데. 왜 이것을 비장애인의 언어로 끊임없이 고치라고 하는 걸까. 수년간 열심히 고치다 보면 정말 아이가 비장애인과 같은 언어를 하게 될까?

아이가 성장해서 만나고 부대끼며 살아갈 사람들은 과

연 누굴까? 매일 새로운 사람을 만날까? 그러는 나는 매일 새로운 사람들을 만나며 사나?

아니다. 어차피 아이도 많지 않은 가까운 사람들과 관계를 맺으며 살아갈 것이고, 그 사람들은 연우의 언어를 이해할 것이다.

그래서 나는 이제 그냥 자연스럽게 말한다. 나도 아이도 훨씬 편해졌다. 일상이 꼭 언어 치료 수업인 듯한 느낌도 사라졌다. 신기하게도 아이는 그런 편안한 분위기에서 훨씬 많은 단어를 습득했다. 비록 완벽한 문장은 아닐지라도.

장애가 있다고 해서 평생을 훈련하듯 살 필요는 없다. 그냥 있는 그대로 인정하고 편하게 살면 좋겠다. 비장애인에 가까운 언어를 구사한다고 훌륭한 것도 아니고, 소통을 더 잘할 수 있게 되는 것도 아니다. 반향어든, 손짓과 몸짓이든, 세상과 소통하려는 장애인에게 모두가 치료사가 될 필요는 없다. 훈련을 해야 하는 건 장애가 있는 아이가 아니라, 아이와 함께 살아갈 사람들이다. 보행이 어려워 휠체어를 사용하는 사람에게 언젠가 걷게 되기를 기대하며 걷기 훈련을 시키지는 않는다. 그와 함께하는 사람들이 휠체어가 갈 수 없는 곳의 물리적·심리적 장벽을 없애려고 노력하듯, 발달장애인과 함께하는 사람도 다르지 않다. 발달장애인의 언어를 이해하고 소통하려는 마음을 넓히고, 그들의 언어가 인정되지 않는 세상에 그들의 마음을 알리려고 노력해야 하지 않을까?

　오늘도 연우는 접시빵을 맛있게 먹었다. 우리 집에 놀러 온 내 친구와 함께. 친구는 오늘 접시빵 덕분에 연우의 언어를 조금 이해하게 되었다. 자폐인의 언어 특징도, 반향어도 배워 갔다. 장애인만 배우고 훈련할 게 아니라, 서로 배우고 이해하며 살아가면 된다.

뒤돌아봐 줘서 고마워

딸이 아장아장 걸음마를 시작했을 때의 일이다. 이제 막 스스로 걷기 시작한 아이는 자신도 할 수 있다는 것을 보여 주려는 듯 엄마 손을 뿌리치곤 했다. 바람만 불어도 넘어질 듯 불안한 걸음걸이였지만 그 작은 얼굴과 몸에서 뿜어져 나오던 환희를 지켜 주고 싶어 한 걸음 떨어져 걷고 있었다.

중학생으로 보이는 교복을 입은 남학생 한 무리가 우르르 뛰어왔다. 어딘가에 늦어 바삐 가는 듯했다. 중학생들이 우리를 지나쳐 가자 부딪치지도 않았는데 딸이 넘어졌다. 나는 황급히 다가가 안아 주었다.

"아가야, 괜찮아?"

고개를 들어 보니 뛰어가던 무리 속 학생이 돌아와 건넨 말이었다. 친구들은 뒤도 돌아보지 않고 뛰고 있었다.

"어, 학생 괜찮아요. 늦은 것 같은데 얼른 가 봐요."

나는 학생이 걱정되어 얼른 가라고 손짓을 했다.

"아가야, 미안해!"

학생은 뒤를 돌아보며 재차 미안한 표정을 짓더니 빠르게 달려 무리 속으로 사라졌다.

소년의 앳된 얼굴이 지었던 찰나의 표정이 오래도록 마음에 남았다. 그 아이가 어떤 성품을 지녔을지, 주변 사람들을 어떤 말과 태도로 대하며 살아가고 있을지 생각만 해도 흐뭇해진다. 자신의 실수로 타인과 부딪쳐도 모른 척 지나가는 사람, 지하철에서 자리에 앉으려고 타인을 밀치는 사람을 만날 때마다 나는 소년의 표정을 생각했다. 얼굴은 기억나지 않지만 진심으로 염려하고 미안해하던 표정이 내 맘에 보낸 파동을 기억한다. 그 소년의 아름다움은 내 삶에서 눈살을 찌푸리게 되는 수많은 장면을 덮을 힘이 있었다. 타인을 배려하는 선한 마음은 영향력이 있다는 것을, 수많은 설교나 강연보다 더욱 내 마음을 고쳐 움직였던 소년이 가르쳐 주었다.

부모님은 어떤 사람일까? 생각해 보았다. 내 아이들과 학생들이 그 소년 같은 사람으로 성장했으면 좋겠다는 마음에서다. 나는 학생들에게 소년과의 일화를 종종 이야기해 준다.

"그 학생 왕따 아니에요?"

"그 남자애 바보네. 지 때문에 넘어진 것도 아닌데 가던 길이나 가지."

누군가 이야기를 듣고 웃으며 장난스럽게 대꾸하면 교

실에 와르르 웃음이 쏟아진다. 나도 따라 웃는다.

교실에 퍼뜨린 진지한 일화가 철없는 중학생들 속에서 코믹해지기 일쑤지만, 나는 감동으로 흔들리는 몇몇 아이들의 눈빛도 놓치지 않는다.

아이들에게 들려주는 일화 몇 개로 삶을 변화시킬 수는 없다. 아이들은 듣고 배우는 게 아니라 '보고' 성장하는 법이니까. 아이들을 따듯한 사람으로, 영향력 있는 사람으로 키워 내려면 내가 먼저 그런 사람이 되어야 한다. 그렇게 또 한 번 소년은 나를 곧추세운다.

아장아장 걸음마를 연습하던 딸의 모습이 눈에 선한데 어느덧 중학교에 입학을 한다. 그동안 장애 진단을 받고 수많은 고비를 만났고 참 많이도 넘어졌다. 앞으로 더 많은 힘겨움과 싸워야 할지 모른다. 남달리 어려웠던 만큼 특별히 고마운 이들을 많이 만났다. 그때 그 중학생 무리처럼 누구나 다 자신의 짐이 있고 바삐 뛰어야 다다를 수 있는 목적지가 있을 텐데, 뒤를 돌아보고 손 내밀어 주던 소년처럼 많은 사람들이 우리의 손을 잡아 주었기에 여기까지 왔다. 소년에게 고맙다는 인사도 채 하지 못했다. 좋은 어른이 되려는 노력으로 인사를 대신한다.

고마워요, 덕분에 좋은 사람이 되고 싶어졌어요.

표현하지 못한 마음

"정우 좀 잘 부탁해. 아침에 꼭 병원에 데리고 가."

새벽이 되어서야 겨우 열이 내린 정우를 남겨 두고 발길이 떨어지지 않았다. 아픈 아이를 직접 병원에 데려가고 간호할 수 없는 현실이 가슴에 사무쳤다. 이제 겨우 돌 지난 둘째를 남편에게 맡기고 첫째 아이의 치료를 위해 집을 나설 때, 나는 일부러 뒤돌아보지 않으려 애썼다. 겨우 다잡은 마음이 무너질까 봐.

'가엾은 내 아가.'

운전을 하며 앞을 주시하고 있었지만, 눈에서는 눈물이 끊임없이 흘렀다. 조수석에서 자고 있는 아이가 깰까 봐 소리 없이 울었건만, 내 흐느낌을 감지했는지 연우가 부스스 일어났다. 평소와 다른 분위기를 느낀 걸까. 연우는 깔깔 웃기 시작했다. 그 시절, 내가 눈물을 흘릴 때마다 연우는 늘 웃었다. 내가 통곡하고 있는데, 연우는 본인도 주체할 수 없을 만큼 얼굴이 경련이 날 정도로 웃은 적도 있다. 온몸에 소름이 돋을 만큼 두렵고 고통스러웠다. 이 장애는 도대체 무엇이기에 사람을 이렇게까지 비참하게 만드는 걸까. 아이와 정서적으로 영원히 공감할 수 없을 것 같은 그 절망감은 내 삶을 가장 저주스럽게 만들었다.

시간이 흐르고 나서야 알게 됐다. 아이 역시 그 상황이 어색했던 것이다. 평소에 밝게 웃는 엄마가 눈물을 흘리고 있으니 어쩔 줄 몰랐던 거다. 상황에 따라 적절한 사회적 판단과 대처를 할 수 없는 게 가장 큰 특성인 자폐성 장애가 있으니 충분히 나올 만한 행동이었다. 어쩌면 아이도 웃음을 통해 엄마를 위로하고 싶었는지도 모른다.

자폐인이 감정 과부하나 긴장 상황에서 '웃음'과 같은 반응을 보이는 사례는 흔하다. 친구가 넘어져 울고 있을 때, 다른 아이들은 다친 친구에게 달려가 괜찮냐고 묻고 위로할 때, 내 아이만 따로 떨어져 머리카락을 꼬고 있는 모습을 본 적이 있다. 눈앞의 상황을 일반적인 방식으로 해석하기 어려워서 나온 반응이었다. 게다가 시각적으로 예측할 수 없는 변화가 생기면, 자폐인의 뇌는 '정서적 해석' 대신 익숙한 루틴이나 안전한 관심사로 회귀하려는 반응을 보인다고 한다. 머리카락을 꼬는 행동은 딸의 오랜 상동 행동으로, 스트레스나 감각 과부하를 조절하는 데 도움이 된다. 아마도 어떻게 처신해야 할지 모를 때, 익숙한 행동을 통해 스스로를 안정시키려 했던 것 같다.

아이가 더 어렸을 때는 나도 이런 걸 잘 몰랐다. 그저 모든 게 비참하게만 느껴졌다. 하지만 두 아이를 키우며 자폐성 장애의 특성을 점차 이해하게 되었고, 아이들도 자라며 다양한 상황을 경험하고 조금씩 배워 가고 있다. 지금도 가끔은 엄마가 화가 나 있거나 울고 있을 때 웃곤 한다. 나도 감정 과부하 상태일 때는 아이들의 그런 반응이 여전히 슬프게 느껴질 때도 있다. 하지만 이제는 안다. 아이들이 누구보다 엄마를 사랑하고, 엄마가 기쁠 때 가장 행복하다는 것을. 우리 아이들도 타인을 기쁘게 하고 싶고, 위로하고 싶고, 함께 공감하며 살아가고 싶다는 것을. 다만 세상이 요구하는 방식으로 표현하지 못해 끊임없이 오해받고 상처받으며 아파한다는 것을.

딸의 사춘기

내가 초등학교 5학년 때의 일이다. 같은 아파트에 사는 친구 두 명과 매일 등교를 함께했다. 우리 아파트에서 학교까지는 걸어서 12, 13분쯤 되는 거리였다. 나는 친구들과 팔짱을 끼고 깔깔 웃으며 등교하던 발랄한 어린이였다.

그날도 평소처럼 친구들과 수다를 떨며 학교로 향하고 있었다. 마주 오던 고등학생쯤 되어 보이는 남자가 내 옆을 스쳐 지나갔다. 글을 쓰고 있는 지금, 30년이 훌쩍 지났는데도 소름이 끼친다. 정확히 내 왼쪽 가슴 전체를 빠르게 훑고 지나간 그 손놀림은 내 뼛속 깊이 각인되어 버렸다. 이제 막 2차 성징이 시작되어 꽃봉오리처럼 연약하고 예민한 가슴을 가진 소녀는 그 자리에 얼어붙고 말았다. 뒤를 돌아봤다. 그 남자는 주먹을 들어 보이며 나를 위협했다. 영문을 모르는 친구들은 빨리 가자며 나를 끌어당겼다.

그날 이후 나는 길을 다닐 때마다 늘 긴장했다. 저 멀리 남자가 보이면 다른 길로 돌아가거나 길을 건너 피했다. 여

고생이 될 때까지 그랬다. 그리고 그 일은 30년 동안 누구에게도 말하지 못했다.

그 이후로도 내가 여성으로 살아가며 겪었던, 성적 수치심을 주었던 크고 작은 사건들은 다섯 손가락도 모자랄 만큼 많다. 내 친구들도 마찬가지다.

장애가 없는 나도, 부당한 일을 참지 않고 고발하는 성향을 지닌 나도 그랬다. 그렇게 당했고, 누구에게도 말하지 못했다.

내 딸은 발달장애인이다. 지적장애를 동반한 자폐인이다. 열한 살이 되던 해, 2차 성징이 시작되었다. 겨드랑이에 털이 하나씩 올라올 때마다 슬픔과 걱정이 범벅된 감정을 추스르기 힘들었다. 점차 여성으로 빠르게 성장해 가는 외모를 붙잡고 싶었다. 사람들이 딸의 미모를 보고 한마디씩 하면, 겉으로는 고맙다고 하면서도 속으로는 싫었다.

장애가 없는 나도 속수무책으로 당한 일들을, 내 딸은 어떻게 피해 갈 수 있을까? 영화 속, 소설 속에서 보았던 장면이 떠오르면 숨이 막힌다. 지적장애인 여성이 임신한 채로, 아빠가 누군지도 모른 채 아이를 낳는 그 모습. 그게 허구가 아니라는 걸 증명하는 신문 기사를 보면 피가 거꾸로 솟는 기분이다.

발달장애인 아이의 사춘기를 맞이하는 부모는 이렇게 앓는다. 성性은 누구에게나 축복이어야 하는데, 나는 할 수만 있다면 그 축복을 거부하고 싶다. 남들은 초경을 기념하며 작은 파티를 열기도 한다던데, 나는 딸이 초경을 시작한 날 통곡을 하고 싶은 마음을 다스리느라 힘들었다. 몸이 자라듯 지능과 마음도 함께 자라 준다면 얼마나 좋을까. 어떻게 하면 딸의 의사를 존중하며 안전하게 지켜 줄 수 있을까. 성장을 두려움이 아닌 축복으로 받아들일 수 있는 날이 오기를, 딸 곁을 지키는 울타리가, 엄마라는 고립된 섬이 아니라 자유롭게 드나들 수 있는 안전하고 든든한 이웃과 사회가 되기를 간절히 바란다.

아름다운 역주행

"준비, 출발!"

요란한 호루라기 소리가 인라인스케이트 경기장에 울려 퍼졌다. 출발선에 있던 아이들이 얼떨떨한 표정으로 멀뚱멀뚱 서 있자 뒤에서 부모들이 소리쳤다.

"출발해! 앞으로 가!"

아빠의 목소리를 들은 우리 아이들은 누가 먼저랄 것도 없이 서로의 손을 꼭 잡았다. 서로가 경쟁해야 할 대상인 줄도 모르고.

"손 놓고 가야지! 손 놔!"

손을 놓으라고 소리치자 불안해진 연우는 호루라기를 불었던 진행 요원에게 달려가 팔을 잡고 경기를 하지 않겠다고 소리쳤다.

"안 할 거예요! 안 할 거야!"

당황한 나는 얼른 달려가 연우를 떼 놓았다. 흥분한 연우가 트랙을 이탈해 풀밭으로 도망을 가고 말았다. 설상가상으로 혼자 달리던 정우는 누나가 오지 않자 뒤로 돌아 역주행으로 돌아오고 있었다. 나는 풀밭에 있는 연우를 붙잡고 설득해 다시 경기를 하도록 했고, 결국 연우와 정우는 나란히 달려 결승선을 통과했다.

엄마인 나는 아이들의 경기를 보며 진땀을 빼야 했다. 애초에 참가할 생각이 없었던 대회였다. 사람들이 '경험 삼아' 한번 나가 보라고 해서 용기를 내 참가했다. 많은 사람들이 보고 있어 당황스러웠지만, 두고두고 이야기할 추억거리 하나가 늘었다고 생각하기로 했다.

우리 아이들은 경기가 끝난 후 한참 동안 한강공원을 누비며 자유롭게 인라인스케이트를 즐겼다. 메달을 하나씩 목에 걸고 흐뭇한 듯 만지작거리며 웃었다. 과연 메달의 의미를 알고 있을까 의문이 들었지만, 사실 그게 무슨 상관이겠는가. 아이들이 즐거우면 된 거니까.

이 대회 에피소드를 이야기할 때마다 사람들은 한결같은 반응을 보였다. 몇 번 더 해 보면 잘할 거라고. 나도 그럴 것 같았다. 당시 처음 가 보는 경기장이라 긴장하고 불안했던 탓도 있었다. 하지만 문득 그런 생각이 들었다. 더 잘한다는 것이 무엇일까? 경쟁의 의미를 알게 되는 것? 대회에서 우승하는 것?

내가 둘째인 정우를 안고 볼을 부비고 간지럽히고 웃으면 연우는 흐뭇한 표정을 지으며 바라본다. 난 어릴 때 엄마가 남동생만 좋아하는 것 같아 질투도 많이 하고 엄마에게 모진 말도 많이 했는데. 우리 아이들은 사랑을 더 많이 받으려 애쓰지 않는다. 비장애인들은 형제도 경쟁 상대인데 우리 아이들은 시기, 질투, 경쟁을 모르니 서로를 그저 사랑할 줄밖에 모른다.

언젠가 학생과 나누었던 대화가 떠오른다.

"상우야, 친한 친구들의 잘못을 선생님에게 자꾸 이르지 않도록 하자. 선생님이 꼭 알아야 할 일인지 생각해 봤으면 좋겠어."

"어차피 친구는 언젠가는 멀어질 거고, 대학 갈 때 모두가 제 경쟁자가 되는 거잖아요. 선생님에게 친구들의 잘못을 일러야 친구들의 점수가 낮아지고 제 등수가 올라가는 거 아닌가요?"

중학교 1학년, 어리고 철없는 아이여서 할 법한 말 같아 웃음이 나왔지만, 너무도 진지한 아이의 표정을 봤을 때 웃을 수만은 없는 일이었다. 상우는 과연 언제부터 이런 생각을 하게 되었을까? 누가 상우에게 이런 이야기를 했을까? 친구가 대학 갈 때 경쟁자가 된다는 말은 나도 어릴 때 많이 듣던 말이었다. 생각할수록 씁쓸한 마음을 지우지 못했다.

대회에 나가도 경쟁을 모르는 우리 아이들에게 몇 번 더 시도해 애써 가르쳐야 할까 고민스러웠다. 가르쳐서 얻는 것은 무엇일까? 경쟁을 통해 얻는 성취감? 나도 할 수 있다는 자신감?

애초에 인라인스케이트를 가르친 것은 '즐거움'을 위해서였다. 나도 어릴 적 재미있게 탄 경험이 있었고 운동이 되니 건강에도 좋아 선택한 종목이었다. 처음엔 아이들이 많이 넘어지고 힘들어했지만 꾸준히 연습하니 잘 타게 되었고 지금은 재미있게 시간을 보내는 취미 활동이 되었다. 스포츠를 하며 즐거울 수 있으면 충분한 거 아닌가? 운동선수가 될 것도 아닌데 굳이 경기에 참가해 이기는 법을 가르쳐야 하는지, 다양한 경험을 많이 하면 좋다고 하지만 과연 누군가와 경쟁해 순위를 매기고 그에 맞는 메달을 따는 경험이 우리 아이들에게도 유익한 다양한 경험에 속하는지 판단하기가 힘들었다.

내가 살면서 치러야 했던 다양한 시험과 경쟁을 떠올려 보았다. 그 경험들 속에서 적어도 나는 성취감보다는 긴장과 스트레스, 좌절을 더 많이 경험했던 것 같다. 물론 부정적 경험이 나를 성장시켰다는 것도 인정하지만, 우리 학교와 사회가 불필요한 경쟁을 지나치게 부추겨 개인을 힘들게 하는 불행한 사회가 되었다는 사실도 부정할 수 없다.

2017년 미국 BMW 댈러스 마라톤 경기에서 결승선을 코앞에 두고 1등 주자가 넘어졌다. 뒤따라가던 2등 주자는 1등 주자를 결승선까지 부축했고 1위도 내어 주었다. 전 세계에서 매년 수많은 마라톤이 개최되지만 아마 이 장면 속

2위는 전 세계인의 가슴속에 오래도록 남을 것이다.

인라인스케이트 경기에 출전해 서로의 손을 잡고 출발한 우리 아이들의 모습도 나는 오래도록 잊지 못할 것이다. 앞질러 가는 것보다 함께 가는 것이 더 행복하다는 걸 우리 아이들은 이미 본능적으로 알고 있는지도 모르겠다.

내 아이들과 학생들이 타인과 경쟁하고 이기는 것보다 넘어진 친구를 일으켜 함께 결승선으로 가는 것의 가치를 아는 사람이 되기를 바란다. 모두가 경쟁하는 시대에 뛰어난 사람보다는 좋은 사람이 되기 위해 서로를 일으키는 사람이 되기를, 삶의 아름다움은 높은 성과를 내는 데 있는 것이 아니라 서로의 마음속에 따듯한 불을 지피며 함께 살아가는 데 있다는 것을 알 수 있기를. 우리 어른들 모두가 그런 사회를 만들어 갈 수 있기를 소망한다.

사랑의 메아리

"엄마가 있어서 참 다행이야."

어느 날, 연우가 나를 보며 말했다. 웃으며, 너무도 다정하게.

상대의 기분에 맞춰 듣기 좋은 말을 건넬 줄 모르는 아이인데, 그 말에 깜짝 놀라 되물었다.

"뭐라고 했어, 연우야?"

"엄마가 있어서 참 다행이야. 엄마가 있어서 행복해."

가끔 상황에 꼭 맞는 말을 해서 사람들을 놀라게 하긴 하지만, 나에게 이렇게 말한 건 처음이었다. 순간, 활동 지원사 선생님이 알려 주신 건 아닐까 하는 생각이 들었다.

"선생님, 혹시 연우한테 '엄마가 있어서 다행이다' 같은 말 시키셨어요?"

"아니요, 연우가 그런 말을 했어요?"

그때 번개처럼 기억이 스쳤다. 그 말은 바로 내가 아이들에게 매일 해 오던 말이었다.

나는 거의 매일 저녁, 아이들을 쓰다듬으며 말해 준다.

"연우야, 엄마한테 태어나 줘서 고마워. 연우가 있어서 엄마는 참 행복해."

"정우야, 우리 정우는 어쩜 이렇게 사랑스러울까. 정우가 엄마 아들이라서 너무 좋아. 정우는 세상에서 제일 소중한 존재야. 엄마가 제일 사랑해."

그 말을 들은 아이들은 세상에서 가장 행복한 표정을 짓는다. 연우는 이제 내 눈빛만 봐도 금세 알아차리고, 내 손을 자기 볼에 갖다 대기도 한다.

내가 한 말에 '엄마'라는 단어를 끼워 넣은 건, 어떤 마음이었을까. 아마 문장의 뜻을 다 알지는 못했겠지만, 자신이 가장 행복했던 순간을 엄마에게 돌려주고 싶었던 건 아닐까.

사랑받은 아이가 사랑을 표현할 줄 안다. 아이에게 사랑을 자주 표현해야, 아이도 표현하는 법을 배운다. 나는 그 진리를 장애가 있는 내 아이를 통해 더 깊이 배웠다.

사실, 나도 처음부터 표현을 잘했던 건 아니다. 아이의 행동이 마음에 들지 않아 자주 못마땅한 눈빛을 보냈다.

'저건 안 했으면 좋겠는데. 좀 고쳤으면 좋겠는데.'

그런 눈으로 아이를 바라봤다. 그 마음을 아이가 몰랐을까? 아이들은 엄마의 눈을 통해 세상을 본다. 엄마의 시선에 온 신경을 집중하며 살아간다. 어린이집, 유치원, 학교, 치료실, 어디를 가도 우리 아이들이 제일 많이 듣는 말이 있다.

"하지 마." "안 돼."

기관에 다니는 시간이 길어질수록 점차 우울하고 주눅이 들어 보이는 아이들의 모습에 정신이 번쩍 들었다. 장애가 있어도 밝고 명랑한 아이로 자라길 바랐다. 식물도 매일 칭찬을 들으면 다르게 자란다는데, 우리 아이들은 오죽하랴. 그래서 마음을 다잡았다. 적어도 엄마인 나는 매일 사랑의 말을 하자. 그렇게 하기 시작하니, 나조차도 아이들이 더 사랑스럽게 느껴졌고, 아이들은 정말로 환하게, 무럭무럭 자라났다.

사랑은 거창한 게 아니었다. 비싼 장난감도, 근사한 여행도 아니었다. 매일 해 주는 따듯한 말 한마디, 잠들기 전 꼭 껴안아 주는 순간, 종일 힘들었을 아이의 등을 쓸어 주는 손길. 아이들은 잊지 않았다. 매일 사랑을 말하니 언제 말해도 어색하지 않은 진심이 되었다. 그게 아이들의 마음에 단단한 뿌리를 내려 언젠가 말 한마디로 피어나기도 한다.

"엄마가 있어서 다행이야."

그 말은 결국, 내가 매일 들려주던 사랑의 메아리였다.

육아는 때로 끝없는 숙제처럼 느껴진다. 내가 잘하고 있는 건지, 아이가 괜찮은 건지 의심하게 되는 날도 있다. 육체적·정신적 노동에 파김치가 되는 날도 있다. 그래도 따듯한 한마디를 잊지 않으려 한다. 우리 아이들이 어떤 모습이든 변하지 않는 사실이기 때문이다.
　"연우야, 정우야. 사랑해. 엄마는 너희가 있어서 정말 행복해."

조심스럽게 다리를 놓는 중입니다

"어머, 얘 봐라. 신발을 밟아 놓고 사과도 안 하고 웃고 있어? 너 어디서 배워 먹은 버릇이니?"

번잡한 골목길. 연우가 모르는 사람에게 혼나고 있었다. 나는 서둘러 다가가 물었다.

"제 딸인데요, 무슨 일인가요?"

"아니 글쎄, 남의 발뒤꿈치를 밟아 놓고 기분 나쁘게 웃는 거예요!"

"아, 죄송합니다. 얘가 장애가 있어서 그러니 오해는 마시고요. 연우야, 어서 사과드려야지."

연우는 웃으며 말했다.

"죄송합니다."

사과를 했음에도, 웃는 얼굴 때문인지 그녀는 연우를 아래위로 훑어보며 쏘아붙였다.

"멀쩡하게 생겨서는."

그녀가 내뱉은 말이 가슴에 콱 박혔다. 변명도 항변도 목구멍까지 차올랐지만, 끝내 어떤 말도 나오지 않았다. 아이를 설명해야만 하는 현실이, 설명해도 이해받지 못할 것 같은 그 순간이, 너무도 서러웠다.

내 탓이었다. 사람이 많은 곳에서는 늘 손을 꼭 잡고 다녔는데, 이제 곧 중학생이 될 연우에게 세상을 홀로 걷는 연습을 시켜 주고 싶었던 마음이 화근이 되었다.

연우는 자폐성 장애 탓에 공간을 읽는 능력이 서툴다. 사회적 거리를 계산하지 못해 지나치게 가까이 다가가거나, 앞에 사람이 있어도 피하지 못하고 부딪친다. 자신의 몸과 주변 사물 사이 거리를 가늠하는 것도 어려워 몸 여기저기가 늘 멍들어 있다. 시야가 좁아 사람들의 가방이나 손에 든 물건에 시선을 빼앗긴 채 걷다 넘어지기도 한다.

어릴 때는 그 모든 것이 훨씬 더 심했다. 자전거를 타다 사람이 오면 피해야 하는데, 연우는 거리를 계산하지 못해 그대로 돌진하려 했다. 킥보드나 자전거를 태우고 싶을 때는 언제나 인적 드문 곳을 찾아야 했다. 그마저도 늘 긴장의 끈을 놓을 수 없었다. 혹시라도 연우가 누군가를 다치게 하지는 않을까, 매번 심장이 쪼그라들었다.

사람이 많은 곳에서는 긴장으로 온몸이 땀에 젖었다.

"앞에 사람 봐야지."

"비켜야지."

"멈춰야 해."

"조심해야지."

짧은 지시어를 끊임없이 외치며 연우를 따라다녔다.

하지만 연우도 배우고 성장했다. 시간이 흐르면서 사람이나 물건에 부딪히는 횟수는 서서히 줄어들었다. 열 살을 넘기면서 연우의 시야는 조금씩 넓어졌고, 세상과의 거리도 천천히 조율할 수 있게 되었다.

그 모든 변화는 가만히 기다린 끝에 찾아온 것이 아니다. 수없이 넘어지고, 부딪치고, 눈물겨운 연습 끝에 얻은 기적이었다.

사람들과 충돌할 때마다 마음이 아렸다. 모르는 사람이 와서 부딪치고 웃는다면, 얼마나 어이없고 황당할까. 사람들의 당혹감과 불쾌감이 얼굴에 드러날 때, "죄송합니다. 아이가 장애가 있어서요."라고 말해야 할 때마다 너무도 미안해 숨고 싶었다. 겉으로 티가 나는 장애가 아니기에, 내가 아무리 설명해도 쉽게 믿기 어려웠을 것이다. 그렇다고 지나가는 사람마다 붙잡고, 연우의 사정과 자폐의 특성까지 구구절절 설명할 수도 없었다.

아직도 연우는 가끔 사람들에게 부딪히고, 환하게 웃는다. 그럴 때마다 나는 마음속 깊이 고개를 숙인다.

"죄송합니다. 그리고 정말 고맙습니다."

혹시나 불편했을 순간에도 참아 준 사람들, 사정을 몰랐어도 한 번쯤 이해하려 애써 준 이웃들 덕분에, 연우는 이 복잡한 세상을 한 걸음씩 배워 가고 있다.

　모든 충돌이 상처만을 남기는 것은 아니다. 어떤 충돌은, 사람과 사람 사이를 잇는 보이지 않는 다리가 된다. 나는 아이들과 함께, 세상에 다리를 놓으며 걸어가고 있다. 넘어져도, 아파도, 다시 일어서면서. 함께 다리를 놓아 주는 분들에게 감사하면서.

함께하는 교실, 함께하는 성장

4장

약점이 강점이 되기까지

"부장님, 8반 특수교육 대상 학생(특대자) 저희 반으로 데려갈 수 있을까요?"

"아니, 선생님 왜요? 제비뽑기 잘했는데 굳이 왜요?"

"제가 통합반을 맡아 보고 싶어요. 사실은 제가… 아이가 장애가 있어요. 8반 담임선생님이 통합반 뽑았다고 걱정하시는데, 제가 좀 더 낫지 않을까 싶어요."

내 말을 들은 부장님은 잠시 말을 잇지 못했다. 두 눈에 눈물이 그렁그렁했다. 그는 내 손을 꼭 잡으며 말했다.

"그래요, 선생님. 선생님 뜻이 그렇다면 8반 특대자 아이를 선생님 반으로 배치할게요. 하지만 선생님이 장애 아이를 키운다는 말은 비밀로 합시다. 선생님이 너무 오랜만에 복직해서 잘 모르죠? 교직 사회 무서워요. 선생님이 그 말을 하는 순간 약점 잡히는 거예요. 뒤에서 수군대면서 무시할 수도 있어요. 나만 알고 있을 테니까, 선생님은 아무 말 하지 말아요."

육아휴직과 간병 휴직으로 7년간 휴직한 후 복직했을 때 나는 용기가 없었다. 통합 교육을 하려고 복직했지만, 제비뽑기 날까지도 통합반을 맡겠다는 말을 하지 못했다. 7년 만에 복직한 사람이 아무것도 모르는데 통합반을 맡겠다고 하면 다들 이상하게 볼 게 뻔했다. 그날 8반 선생님은 통합반을 뽑았다며 속상해했다. 특수교사에게 통합 수업 시간이 얼마나 되냐고 물어보며 한숨을 푹푹 쉬었다. 그 모습을 지켜보는데 가슴이 미어지고 얼굴이 화끈거렸다.

'내 아이도 저렇게 만나기도 전에 미운 아이가 되겠네.'

나는 통합반을 맡겠다는 말을 하기까지 수없이 고민했다. 딱히 자신이 있는 것도 아니었고, 그 이유를 말하는 건 더 어려웠다. 자식 이야기를 하는 순간 나는 모두가 불쌍해하는 약자로 전락할 테니까.

아니나 다를까 쇳덩이보다 더 무거운 입술을 열었는데 돌아온 말은 "그런 얘기 하면 안 된다."였다. 부장님은 나쁜 사람이 아니었다. 아니, 그는 친절하고 배려심이 깊은 사람이었다. 늘 자신보다 부원들을 먼저 생각하는 사려 깊은 리더였다.

그의 말을 잘 들은 대가로, 나는 1년 동안 교무실에 앉아 장애인의 가족으로서 들을 수 있는 가장 모욕적인 말들을 감내해야 했다. 매일 오물 바가지를 뒤집어쓴 것 같았다. 그렇다고 중간에 갑자기 "내 아이들은 장애인입니다."라고 선포할 수도 없었다. 아무도 묻지 않았으니까. 무엇보다 나를 보호해 주겠다는 부장님의 호의를 거부할 용기가 없었다. 7년간 노트북 한 번 열어 보지 않았던 나를 받아 준 학교와 부장님께 절이라도 해야 할 상황이었으니까.

그렇게 1년을 버티고 난 후 나는 '불쌍한 여자'가 되기로 마음먹었다. 남들이 아무리 뒤에서 수군거린다 해도 똥바가지를 뒤집어쓴 채 아무렇지도 않은 척 앉아 있는 것보다 나았다. 나의 '약점'은 내가 숨길수록 더 수치스러웠다. 심지어 죄책감까지 더해졌다. '네가 그러고도 엄마니?' 하며 누군가 내 머리채를 잡고 흔드는 것 같았다. 괴롭고 아파서 잠 못 이루는 날이 셀 수도 없었다.

"저는 장애가 있는 아이 둘을 키워요."

사람들이 물어보지도 않은 나의 약점을 고백했다. 태어나서 한 일 중 가장 큰 용기가 필요했던 순간이었다. 한번 마음먹고 시작하니 나중에는 영혼이 이탈한 듯 쉬워졌다. 심지어 농담까지 할 수 있게 되었다. 자유로웠다. 그 뒤로 '남이 나를 어떻게 생각할까?'에 매몰되지 않았다. 내가 옳다고 생각하는 일을 자신 있게 말할 수 있게 되었다.

상처가 없다고 말할 수는 없다. 그 과정에서 예기치 못했던 아픔도 있었다. 하지만 '내가 나로 사는 것', '솔직하고 당당하게 삶을 영위하는 것'을 포기할 만큼의 가치가 있는 것은 없었다. 남들이 생각하는 나의 약점을 드러내는 일은 결코 약점 잡히는 일이 아니었다. 오히려 내가 무한히 자유로워지는 일이며, 결국 용기가 있는 강한 사람만이 할 수 있는 일이었다.

복직 초기에 했던 부정적 경험들도 지금은 모두 내 삶의 큰 자산이 되었다. 내가 행복으로 가는 거친 길을 힘차게 닦아 낼 수 있는 에너지원이 되었다. 약점을 꺼내 보였더니 더 많은 사람들과 연결되고, 웃고, 사랑하는 사람이 되었다. 나의 약점은 어느새 강점이 되었다.

모두를 위한 수업 설계

좁은 지하철 개찰구를 보면 늘 떠오르는 사람이 있다. 20여 년 전 팀티칭을 하던 원어민 교사다. 나보다 덩치가 세 배쯤 큰 캐나다인이었다. 한국에 와서 가장 불편한 점이 지하철 개찰구라고 했다. 지하철을 탈 때마다 너무 치욕적이라며, 한국 사람들은 새처럼 조금 먹어서 개찰구를 그렇게 좁게 만드느냐고 투덜거렸다. 그의 불평을 들으며 나는 생각했다.

'많이 먹어서 뚱뚱한 당신이 문제죠. 한국이 무슨 잘못이에요?'

지금은 넓은 개찰구가 많이 생겼지만, 여전히 좁은 곳을 통과할 때마다 그가 생각난다. 내가 당연하게 여겼던 내 마음속 생각과 함께. 아이가 생기고 난 후에야 나도 처음으로 좁은 개찰구가 불편하게 느껴졌다. 생각해 보니 몸집이 큰 사람뿐만 아니라 아이가 있는 사람, 보행 장애가 있는 사람, 큰 짐이 있는 사람 등 다양한 사람들이 넓은 개찰구를 편하게 누릴 수 있다. 어쩌면 우리 모두 자신만의 '좁은 개찰구'를 만나기 전에는 타인의 어려움을 이해하기 어렵다는 생각도 든다.

발달장애가 있는 아이의 엄마라는 나만의 좁은 개찰구를 통과하기 전까지는 교사로서 수업에 어려움을 겪는 학생들의 입장을 헤아리지 못했다. 마치 캐나다 교사 개인의 문제로 치부했듯이 학생의 게으름이나 능력 부족을 탓했다. 주어진 교육 목표에 맞춰 수업을 열심히 준비했고, 수업을 따라오지 못하는 것을 학생의 책임으로 여겼던 것이다.

물리적·신체적 조건으로 말미암아 개찰구를 통과할 수 없는 사람처럼 타고난 지능이나 장애 때문에 수업에 참여할 수 없는 학생도 있다는 사실을 엄마가 되고서야 진지하게 생각했다. 개찰구를 넓히면 누구나 더 편하게 지하철을 이용할 수 있는 것처럼 수업 자체에 장애물을 제거해 모든 학생이 참여할 수 있는 수업을 만들기 위해 노력하고 있다.

예를 들면, ADHD나 자폐성 장애가 있는 학생의 경우 교사와 물리적 거리가 있으면 수업에 집중하기가 더 어려운 특성이 있기 때문에 되도록 앞자리에 좌석을 배치한다. 듣고 수행하는 것이 어려운 학생의 경우 시각 자료를 함께 제시해 준다. 같은 내용을 학습하더라도 말이나 글로 배운 내용을 잘 표현하는 학생이 있는가 하면, 그림이나 만화, 노래로 더 잘 표현하는 학생도 있다. 표현 방법을 한정하지 않고 다양한 방법을 열어 주면 학생들이 더 잘 참여할 수 있다. 이 외에도 다양한 수준 차를 고려한 학습지를 준비하거나 게임, 빙고, 조별 활동 등의 다양한 활동을 준비해 참여를 높이는 방법도 쓰고 있다.

몇 년 전에 가르쳤던 지훈이는 ADHD가 있어 교사가 말로 설명하는 내용을 오래 듣고 있지 못했다. 금세 눈빛이 흔들리고 몸이 들썩였다. 처음에는 '조금만 집중해 들어 주면 좋겠는데.' 하며 지훈이를 탓했다. ADHD가 있다는 걸 알고 난 후로 좀 더 세심한 지원 계획을 세웠다. 설명이 조금 길어지면 지훈이 근처로 간다든지, 지훈이 이름을 불러 보거나 퀴즈를 내는 등 그때그때 다양한 방법으로 주의력이 유지되도록 도왔다. 수업 중간에 집중력을 잃어 금방 흥미를 잃어버리던 지훈이가 영어 시간에 참여도가 점점 높아졌다. "제가 영어는 못하지만, 영어 시간이 재미있어요." 어느새 이렇게 말하는 학생이 되었다.

또 다른 학생 종필이는 자폐성 장애가 있어 시각 자료를 제시하면 단어의 뜻을 더 잘 이해했다. 종필이를 위해 학습 내용을 조금 줄이고 그림 자료가 첨부된 학습지를 만들었다. 훨씬 빠르게 내용을 이해하고 자신감 있게 답을 쓰는 모습을 보게 되었다. 원서를 읽고 독후감을 쓰는 활동에서 긴 글을 부담스러워하는 종필이를 위해 그림책을 준비했다. 종필이는 그림을 보고 내용을 파악하고 우리말로 감상을 썼다.

내가 종필이의 감상문을 영어 몇 문장으로 옮겨 주었다. 다른 학생들과 똑같은 원서를 제공했을 때는 활동에 전혀 참여하지 못했던 종필이가 적극적으로 수업에 참여했다. 어느 날은 내가 "이 문제에 대한 네 생각을 그림으로 표현해 볼래?" 하고 물었더니, 종필이는 웃으며 알록달록한 그림을 그려 냈다. 그 그림을 설명해 주는 종필이의 표정은 너무나도 밝았다.

결국 '좁은 개찰구'에 갇혀 있는 것은 학생이 아니라, 나를 포함해 우리 사회가 가진 고정된 시선일지 모른다. 조금만 시야를 넓히고 다가가 보면, 아이들은 자신만의 방식으로 훌륭하게 배움을 펼쳐 낼 준비가 되어 있기 때문이다. 교사인 내가 해야 할 일은, '수업'이라고 부르는 공간이 누구에게나 편안히 열릴 수 있도록 개찰구를 넓히는 것이다. 보편을 우선하다 보면 오히려 더 특수한 상황이 소외되기 쉽지만, 가장 특수한 경우부터 살피다 보면 모두를 위한 교육으로 확장할 수 있다. 결국 '특수'를 인정하는 것은 곧 다양성을 포용하는 일이며, 이렇게 다양한 아이들을 이해하고 배려하는 과정이 우리 모두의 배움을 더 풍성하게 만들어 준다는 사실을, 나는 조금 늦게나마 깨닫게 되었다.

함께하는 교실, 함께하는 성장

　복직 첫해 내가 수업에서 만난 특수교육 대상 학생은 네 명이었다. 그중 수업이 가장 어려웠던 학생은 자폐성 장애가 있는 진혁이다. 진혁이는 맨 뒷자리에 앉아 잠을 자거나 갑자기 웃는 행동을 하곤 했다. 수업 중 불쑥 일어나 친구의 등을 때리는 일도 종종 있었다. 그 때문에 다른 학생들이 수업에 방해가 된다며 피해를 호소하기도 했고, 맞았다며 우는 아이들도 있었다. 먼저 특수교사를 통해 진혁이의 특성을 파악했고, 그 과정에서 진혁이가 마이크 소리나 기계음에 예민하다는 사실을 알게 되었다. 그래서 진혁이네 학급에서 수업할 때는 마이크를 사용하지 않기로 했다.

　진혁이 자리는 앞자리로 배치하는 것이 좋겠다고 판단했다. 담임선생님과 학급 친구들의 동의를 구한 뒤, 영어 시간에는 앞자리에 앉도록 조정했다. 학생들이 이해할 수 있도록 충분히 설명하며, 장애가 있는 친구를 위한 환경 조정이 '역차별'이나 '특혜'가 아니라는 점을 인식시키는 것도 중요했다.

먼저 수업 시간에 수준을 파악하기 위해 교과서 읽기와 쓰기를 시켜 보았다. 진혁이는 영어를 읽을 줄 몰랐고, 교과서에 있는 글씨를 그대로 베껴 쓰는 작업도 힘들어했다. 노트에 영어를 써 주면 바로 아래 칸에 그대로 옮겨 쓰는 건 가능했다. 보다 정확한 수준을 파악하기 위해 특수교사의 도움도 받았다. 진혁이가 달성 가능한 성취 기준과 조정이 필요한 학습 목표를 확인했다. 확인한 정보를 바탕으로 학습 내용을 수정했다.

예를 들어, 학습 목표가 '원하는 음식을 주문할 수 있다.'라면, '메뉴판에서 원하는 음식을 가리키며 주문할 수 있다.' 또는 '원하는 음식을 영어로 말할 수 있다.'로 조정했다. 다른 학생들이 영어로 음식을 주문하거나 좋아하는 음식에 대해 대화하는 활동을 할 때, 진혁이는 좋아하는 음식을 단어로 말하는 연습을 하거나 음식과 관련된 단어를 쓰는 활동을 했다. 진혁이에게 문장 수준의 학습은 어려웠지만, 단어나 구 단위의 발화는 가능했다. 그래서 일상생활에서 자주 쓰이는 단어를 중심으로 학습 계획을 세웠다.

진혁이가 처음 배웠던 단어가 교과서에 나오는 restaurant, open, closed였다. 이 단어들은 일상생활에서도 쉽게 볼 수 있는 단어라 진혁이에게 가르치면 좋겠다고 생각했다. 이 단어들을 학습지로 만들어 한 시간에 한 장씩만 제공하기로 했다. 처음에 진혁이는 어리둥절한 표정으로 나를 바라봤다. 원래 수업 시간에 아무것도 하지 않는데, 선생님이 자기만을 위한 학습지를 주니까 이상했던 것이다. 그래도 싫지 않은 표정이었다. 처음에는 학습지를 눈앞에서 흔들며 상동행동을 보였지만, 학습을 강요하지는 않았다. 편안하게 두었다가, 자연스러운 기회를 기다렸다.

다른 학생들이 쓰기 활동을 할 때, 진혁이에게 다가가 "한번 써 볼래?" 하고 권했다. 다행히 거부하지 않고 받아들였다. 그렇게 한 시간에 한 장씩, 교과서에서 일상생활과 관련된 단어를 골라 학습지로 제공했다. 수업 중에 진혁이가 학습한 단어가 나오면 칠판에 적고, 직접 읽도록 시켰다. 잘하면 친구들과 함께 박수를 쳐 주고, 칭찬하는 것도 잊지 않았다. 처음엔 학습지를 흔들기만 하던 진혁이가 점점 학습 태도가 잡히고, 영어 시간을 '공부하는 시간'으로 인식하기 시작했다.

진혁이가 수업에 적극적으로 참여할 수 있게 학습 외에도 여러 방법을 고민했다. 학습지를 배부하는 역할을 맡기거나 칠판을 지우게 하는 등 간단한 심부름을 시켰다. 이런 역할도 처음에는 어색해했지만, 곧 자연스럽게 받아들이고 뿌듯한 표정을 지었다. 다른 학생들이 단어 시험을 볼 때, 진혁이는 그동안 배운 단어를 써 보는 활동을 했다. 교과서 속 한글로 된 간단한 지시문은 진혁이가 읽을 수 있도록 했고,

배운 단어가 나오면 발표할 기회를 제공하거나 'Yes' 또는 'No'로 대답할 수 있는 간단한 질문을 던지는 것도 효과적이었다. 작은 기회를 주고, 친구들 앞에서 격려와 칭찬을 많이 해 주는 것이 참여도를 높이는 데 도움이 되었다.

이렇게 조금씩 수업에 참여하면서 놀라운 변화가 일어났다. 이전까지 보였던 갑작스러운 웃음, 친구를 때리는 문제 행동이 현저히 줄어든 것이다. 그때 나는 깨달았다.

'수업이 지루하고 힘들어서, 진혁이는 자신만의 방식으로 표현하고 있었던 거구나.'

어느 날, 쓰기 활동 시간이었다. 학생들은 각자 영어로 글을 쓰고 있었다. 나는 진혁이에게 물었다.

"진혁아, 진혁이는 뭘 좋아하니? 좋아하는 걸 써 보자."

진혁이는 고개를 저었다. 그때 반 친구들이 말했다.

"진혁이 자동차 좋아해요! 자동차 그리라고 해 보세요."

나는 그때까지 진혁이가 자동차를 좋아하는 줄도 몰랐다. 그림을 그릴 거라고는 상상도 하지 못했다. 그런데 진혁이는 정말 멋진 자동차를 그려 주었다. 나는 깜짝 놀랐다.

"진혁이도 친구들처럼 발표해 볼까?"

"싫어요."

늘 싫다는 말부터 먼저 하는 진혁이의 말은 진심이 아닐 때가 많았다. 사람을 좋아하는 진혁이의 특성을 이용해야겠다는 생각이 퍼뜩 들었다.

"그럼 친구랑 같이 발표해 볼까?"

처음에는 거부했지만, 친구가 같이 나와 주겠다고 하자 쭈뼛거리며 앞에 나왔다. 친구는 옆에서 진혁이의 그림을 들고 있고 진혁이는 더듬더듬 발표를 시작했다. 비록 영어로는 하지 못했지만, 한국어로, 자신의 언어로 자동차를 열심히 설명했다.

내 교직 인생에서 손에 꼽을 만한 감동적인 순간이었다. 진혁이가 처음으로 발표를 해서 감동한 게 아니었다. 나는 그 순간 진혁이를 바라보던 아이들의 표정을 잊을 수 없다. 아이들은 따뜻한 미소로 진혁이를 바라봤다. 마치 자신이 진혁이의 엄마라도 되는 듯한 응원의 표정이었다. 발표가 끝나자, 힘껏 박수를 쳐 주었다. 그 모습을 보며, 나는 가슴이 뭉클해 눈물이 날 뻔했다.

경쟁보다 협력을, 능력보다 사람을 볼 줄 아는 사람을 길러 내는 것이 학교 교육을 통해 가능하다는 벅찬 기대감이 마음을 채웠다. 아이들의 표정에서 나는 통합 교육이 지향해야 하는 진짜 모습을 보았다. 다르다고 배척하는 것이 아니라 자연스럽게 돕고 함께하고 응원하는 것. 그것이야말로 우리가 만들어 가야 할 교실의 모습이 아닐까. 그날, 나는 아이들에게서 많은 것을 배웠다. 그리고 마음 깊이 바랐다. 이 순간이, 이 교실에서 일어난 작은 변화들이, 진혁이뿐만 아니라, 이 교실의 모든 아이들에게 오래도록 남아 있기를.

더 나은 통합 학급을 위한 제언

1. 통합 학급에서의 교수적 수정 강화

특수교육 대상 학생이 통합 학급 수업에 의미 있게 참여할 수 있도록, 개별화된 목표 설정과 교수적 수정 방안을 체계적으로 도입합니다. 이를 위해 교사 연수 및 지원 체계를 강화해 모든 교사가 특수교육 대상자에 대한 이해와 교수 역량을 갖추도록 합니다.

2. 평가 체계의 개별화

특수교육 대상 학생이 개별화교육계획에서 설정한 목표에 따라 평가받을 수 있도록 공식적인 평가 방안을 마련합니다. 학생의 성취 수준을 기록하고, 적절한 피드백을 제공함으로써 학습의 지속성과 동기를 유발합니다.

3. 특수교사와 일반 교사의 협력 강화

특수교사와 통합 학급 교사가 특수교육 대상 학생의 학습 목표와 수준을 공유하고, 이에 기반해 수업 및 평가를 공동으로 계획하고 조정합니다. 정기적인 상담과 공동 수업 계획을 통해, 통합 학급에서도 특수교육 대상 학생의 학습이 체계적으로 이루어지도록 지원합니다.

4. 정책적 변화

특수교육 대상자의 교육과 평가를 명확히 규정할 수 있도록 법적·제도적 장치를 마련합니다. 아울러 특수교육 예산을 확대하고, 교사와 학생 모두를 지원할 수 있는 시스템을 구축합니다.

5. 교사의 책무성과 지원

특수교육 대상자의 수업 및 평가에 대한 책임을 교사에게 부여하되, 이를 효과적으로 수행할 수 있도록 충분한 자원과 교육 프로그램을 제공합니다. 이를 통해 교사의 책무성을 높이고, 실질적인 교육적 지원이 이루어지도록 합니다.

• 통합 학급에서의 교수적 수정

특수교육 대상 학생이 수업 내용을 따라가기 어려운 경우, 일반적으로 학습 목표를 조정하거나 학습의 양을 줄이는 방식으로 교수적 수정을 실시합니다.

'교수'라는 단어가 다소 낯설게 느껴질 수 있으나, 이는 말 그대로 학문이나 기예를 가르치는 행위를 의미합니다. 결국 '교수적 수정'이란 수업을 하거나 가르치는 방식, 교수 집단, 환경, 평가 등을 특수교육 대상 학생에게 적합하도록 조정하는 것을 말합니다.

예를 들어, 문장으로 답을 작성해야 하는 과제를 단어로만 표현할 수 있도록 변경하거나, 새로 익혀야 할 어휘 수를 30개에서 5개로 줄여 제시하기도 합니다. 학생이 선호하는 시각 자료나 영상 자료를 활용하거나, 보기나 힌트를 제공해 쉽게 답을 찾을 수 있도록 구성한 학습지를 제공하는 것도 해당합니다.

음악 과목에서는 리코더 연주가 어려운 발달장애 학생에게 타악기로 같은 곡을 연주하게 하거나, 어려운 곡을 보다 쉬운 곡이나 학생이 좋아하는 곡으로 대체할 수도 있습니다. 악보 읽기가 어려운 학생에게는 계이름을 숫자나 알파벳 등 익히기 쉬운 방식으로 바꾸어 제시함으로써 수업 참여를 가능하게 합니다. 그 외의 과목에서도 어려운 설명을 쉽게 풀어 주거나, 학생이 반응하기 쉬운 형태로 내용을 바꾸는 등 학생의 수준과 특성에 맞게 학습 내용과 방법을 조정할 수 있습니다.

몇 년 전, 문자를 쓰거나 간단히 선을 긋는 활동조차도 극도로 싫어하는 학생을 만났습니다. 다양한 방법을 시도했으나 교수적 수정이 어려운 상황이었습니다. 그러던 중 우연히 해당 학생이 가위질과 풀칠을 좋아한다는 특성을 파악했고, 이에 따라 단어에 맞는 사진을 오려 붙이고, 그 뜻을 쓰는 활동으로 과제를 변경했습니다. 그 결과 수업 참여도가 눈에 띄게 향상되었습니다. 이후에는 오려 붙이기 외에도 스티커를 만들어 붙이는 활동 등 다양한 변화를 시도했고, 활동 유형을 바꿈으로써 학생의 흥미가 살아나고 수업 참여도 자연스럽게 높아졌습니다. 이런 활동이 재미있어 보였는지, 간혹 비장애 학생들도 참여하고 싶다고 말하기도 했습니다. 수업의 핵심 내용을 벗어나지 않는 한도 내에서 수정된 학습지를 비장애 학생에게도 제공해 함께 활동하게 했습니다. 실제로 학습 속도가 느린 학생이나 학습 결손이 심한 학생에게도 수정된 학습지는 학습 이해와 참여를 돕는 데 매우 효과적이었습니다.

교수적 수정은 단순히 학습지를 조정하는 데 그치지 않습니다. 수업 중 학생의 반응과 이해 수준을 살피며 즉각적인 수정을 가하는 경우도 있으며, 수업 이후에 지난 수업을 반성하고 더 나은 방향을 모색하는 과정까지 모두 포함됩니다. 예를 들어, 상호작용을 위해 자리를 앞쪽으로 배치한 경우 이는 환경 수정에 해당합니다. 영어 발표 시 암기가 어려운 학생에게는 보고 읽을 수 있도록 하는 것, 빈 칸 채우기 활동에 보기를 추가로 제공하는 것은 내용 및 방법의 수정에 해당합니다. 글로 표현하기 어려운 학생에게는 그림이나 노래로 표현하게 하는 것이 방법 및 평가 수정에 해당하며, 혼자 발표하기 어려운 학생에게 친구와 함께 발표하게 하거나, 또래의 도움을 받아 협동 학습을 하게 하는 경우는 각각 방법 수정과 집단 수정에 해당합니다. 이처럼 교수적 수정은 수업 도중 즉각적으로 이루어지기도 하고, 수업 후 계획적으로 적용되기도 합니다.

모든 교수적 수정의 목적은 학생이 수업에 의미 있게 참여할 수 있도록 돕는 데 있습니다. 교수적 수정을 통해 특수교육 대상 학생은 물론, 느린 학습자나 학습 결손이 심한 학생들 또한 수업에 적극적으로 참여할 수 있습니다.

수업 안에서 서로 다른 학습 속도와 방법이 존중받는 경험은 학생들에게 중요한 가치를 심어 줍니다. 이는 자신과 타인의 차이를 자연스럽게 인식하고, 다름을 있는 그대로 받아들이는 힘을 기르게 합니다.

능력의 차이를 근거로 서열화하거나 배제를 정당화하는 대신, 각자의 특성과 강점이 존중받는 수업 환경 속에서 학생들은 자기 자신에 대한 긍정적 감정과 자신감을 쌓아 갈 수 있습니다.

교실에서의 존엄

"생명권과 존엄권, 이 둘 중 어떤 권리가 우선일까요?"
한 모임에서 던져진 질문에 모두가 고개를 갸우뚱했다. 인간의 기본권인 둘 중 어떤 것이 우선한다고 선뜻 대답하기 어려웠다. 나는 고민 끝에 생명권이 우선한다고 답했다. 생명이 사라진다면 그 어떤 권리도 의미가 없다고 생각했기 때문이다. 하지만 이어지는 설명은 내 생각과 좀 달랐다. 극단적 상황에서는 존엄권이 생명권보다 우선시될 수도 있다고 했다. 예를 들어, 안락사나 생명 연장의 치료 거부와 같은 논의에서는 존엄한 삶의 권리가 더 중요한 가치를 가질 수 있다. 그러고 보니 존엄권 없이 생명만 유지하는 것은 다소 공허한 삶일지도 모른다는 생각이 들었다. 단순히 생명을 연장하는 것만으로는 인간으로서의 가치를 온전히 실현할 수 없다는 점에서, 존엄권 역시 매우 중요한 의미를 가진다.

나는 존엄권과 생명권의 의미를 교실로 가져오고 싶다. 교실에 물리적으로 '존재'하는 것을 '생명권'으로 본다면,

이는 학생이 단순히 교실에 자리를 차지하고 있는 상태를 의미한다. 하지만 이 상태만으로는 충분하지 않다. 물리적으로 존재한다는 것은 교육의 출발점일 뿐이며, 존엄권이 함께 보장될 때 비로소 의미가 있다. 단순히 존재하는 것을 넘어, 학생이 자신의 가치를 느끼고 배우고 성장할 수 있는 권리를 '존엄권'으로 볼 수 있다. 단지 교육 내용을 전달받는 게 아니라, 학생들이 자신이 존중받고 있다고 느끼며 참여할 수 있는 환경을 조성해야 한다는 의미이다.

"선생님, 자꾸 뭔가를 더 시키려고 노력하지 않아도 됩니다. 책상에 가만히 앉아서 그 시간을 견뎌 내는 것도 공부예요. 특수교육 대상자 중에 책상에 잘 앉아 있는 아이 드물어요. 우리 아이들은 그거 연습하러 교실에 가는 거예요. 그러니 마음 불편하게 생각하지 마시고 편하게 놔두세요."

몇 년 전 특수교사에게 통합 학급 수업에 대한 고민을 이야기하며 도움을 요청했을 때 들었던 말이다. 당시 내가 맡았던 모든 반에 특수교육 대상 학생이 있었는데, 그 아이들에게 수업 시간에 무엇을 해 주어야 하는지 고민이 되었다. 대부분의 학생들이 가만히 앉아 있다가 잠을 청했다. 어떤 학생은 수업 중간에 엉뚱한 말을 갑자기 내뱉기도 했고 일어서서 돌아다니거나 상동 행동을 했다. 교사로서 당연히 마음이 불편했다. 그 학생들이 교실에 있는 게 얼마나 힘들까 싶었다.

그러던 어느 날, 한 학생이 책상에 엎드려 자는 모습을 보다가 갑자기 눈물이 솟구쳤다. 중학생이 되어 이렇게 책상에 앉아 있기까지, 얼마나 많은 치료를 받았을지가 눈앞에 선했다. 그 아이의 부모는 또 얼마나 많은 밤을 뜬눈으로 지새웠을지, 누구보다 내가 잘 알고 있었다. 수많은 아픔과 고난을 지나 마침내 학교에 왔을 텐데, 그 아이를 그저 자도록 내버려둘 수는 없었다.

그런데 막상 학생을 깨우려니 마음이 무거워졌다. 어차피 일어나 앉는다 해도 수업 내용을 이해할 수 없고 참여하기도 어려울 텐데. 그 아이 입장에서는 그 시간이 그저 고통일 수도 있다는 생각이 들었기 때문이다.

특수교육 대상 학생이니 특수교사에게 방법을 물어보았다. 책상에 앉아서 견디는 것이 공부라니, '인내'도 중요한 덕목이니 그럴 수 있다 싶었다. 하지만 대부분의 학생들이 이미 착석은 잘되는 상태였다. 착석은 학습을 위한 준비 단계이지 그것 자체가 목표일 수는 없는데, 특수교육 대상 학생은 통합 학급에서 학습 목표가 아예 없는지 의문이 들었다.

개별화교육계획이 있지만 특수학급에서 공부하는 과목(주로 국어와 수학)에만 목표가 있었지 통합 학급에서의 목표는 아예 존재하지 않았다. 장애가 있어서 특수교육 대상자로 선정되었고 일반 교육의 목표를 따라갈 수 없다는 것을 이미 전제하고 있는데, 어떠한 실현 가능한 목표도 없이 교실에 존재만 할 뿐이었다.

특수학급에서 공부하는 시간은 학생마다 다르긴 했지만 기껏해야 하루에 한두 시간이었다. 대부분의 학생이 통합 학급에서 더 많은 시간을 보내는데, 그 많은 시간을 알아듣지도 못하는 말을 들으며 견뎌 내는 것이 가능할까? 나라면 종일 책상에 앉아 이해할 수 없는 수업을 들으라고 하면 견딜 수 있을까? 아무런 자극도 없는 지루한 교실에서 몇 시간을 견디라는 것은 학대에 가깝다는 생각이 들었다.

많은 교사와 양육자가 인내력과 의지력을 혼동한다. 다키카와 가즈히로는 인내력은 충동과 욕구를 오로지 억누르거나 스트레스를 견디는 수동적인 힘이라고 설명한다.[*] 반면 의지력은 충동과 욕구를 자기 힘으로 제어하거나 스트레스에 맞서는 능동적인 수행력이다. 인내를 강제하면 능동성을 방해해 도리어 의지력이 발달하지 못한다고 한다. 부모는 버릇을 들이려는 의도였지만 '학대'가 되어 버리는 사태가 생긴다고 책에서도 설명하고 있다. 또한 의지의 힘이 길러지지 않으면 규칙 감각이 떨어지고 공격적인 일탈이 악순환되며 지속력과 수행력이 떨어지는 등의 많은 문제가

➡ 다키카와 가즈히로, 『아이를 위한 정신 의학』, 김경원 옮김(열린책들, 2020), 523, 524쪽.

발생한다고 한다.

교실에서 단순히 견디라고 하는 것은 '인내의 강제'에 해당한다. 더구나 장애가 있거나 특별한 교육적 요구를 전제한 특수교육 대상 학생에게 인내를 강제하는 것은 방임이자 학대다. 많은 교실에서 굳어진 관행처럼 행해지고 있기에, 이런 이야기에 누군가는 반발심이 클지도 모르겠다. 수업을 따라가지 못하는 것은 비단 특수교육 대상 학생만이 아니라는 말을 하는 사람도 많다. 사실이다. 하지만 수업을 이해하지 못하는 학생들이 많으니 특수교육 대상 학생도 학습이 부진한 학생들과 똑같이 내버려두어도 된다는 말은 이상하지 않은가? 기본권을 분명히 박탈당하고 있는데, 다른 아이들도 그러하니 어쩔 수 없다는 말에는 어떠한 논리도 책임도 없다. 누군가 교실에서 존엄을 잃어 가고 있다면 존재가 의미를 가질 수 있도록 존엄을 회복시키려는 노력이 필요하다.

우리 사회와 교육 시스템은 오랫동안 성장 중심의 패러다임에 맞춰져 왔고, 이는 개인의 성취와 사회의 발전을 강하게 연결 짓는 방식으로 이루어졌다. 효율성 중심의 교육은 단기간 성장에 기여했는지는 모르겠지만, 많은 개인이 소외되고 좌절감을 느끼는 부작용을 초래했다. 어쩌면 그동안의 교육을 통해 우리는 학생들에게 능력이 없으면 존엄성마저 상실하게 된다는 것을 교실에서 보여 주고 있었는지도 모르겠다. 이제는 교육을 존엄성 중심의 배움으로 전환해야 할 시점이다. 배우지 못함을 개인의 문제로 치부하기보다는 교육 시스템과 사회가 더 포용적인 환경을 만들어야 한다는 인식의 전환이 필요하다. 생명권과 존엄권이 상호보완적인 인간의 기본권인 것처럼, 교실에서 존재하고 배우는 것이 학교에서 '기본'이 되어야 하지 않을까.

특수학교에 가야 하는 거 아니야?

"수업을 이해하지도 못하는데 특수반에서 공부하는 것이 더 낫지 않을까요?"

"특수학교에 가서 수준에 맞는 공부를 하는 게 더 도움이 되지 않을까요?"

교육 현장에서 자주 받는 질문이다.

통합 교육이 어려운 학생들도 있다. 아무리 교수적 수정을 해도 효과가 없고, 장애가 심해 수업에 참여하기 힘든 아이들. 그런 학생들은 특수학급이나 특수학교에서 수업을 듣는 것이 더 나은 선택 아닐까? 아이를 위해서라도, 수준에 맞는 교육을 제공하는 것이 더 바람직하지 않을까?

처음엔 나도 같은 생각을 했다. 통합 학급에서 아무것도 배우지 못하느니, 차라리 특수학급에서 자신의 수준에 맞는 수업을 듣는 게 낫다고 여겼다. 통합 학급에서 허비하는 내 아이의 시간이 아깝다고 생각했다. 하지만 직접 통합 교육을 경험하며 생각이 달라졌다.

만약 내 아이가 분리된 환경에서 학습 능력이 향상되고 기능이 좋아진다고 해도, 삶이 더 나아질까? 아이는 여전히 장애가 있고, 사회는 여전히 장애인과 함께 살아갈 준비가 되어 있지 않은데.

통합 학급에서 배울 수 없다고 아이를 분리하면, 비장애 학생들은 장애가 있거나 능력이 부족하면 배제될 수밖에 없다는 것을 자연스럽게 배운다. 교사가 아무리 '존중'을 가르쳐도, 아이들은 교실에서 '눈으로 보고' 배우는 것이 훨씬 많다. 장애 학생이 배제되는 모습을 보며 차별을 당연한 것처럼 받아들이게 된다. 특수학교도 마찬가지다. 같은 동네에 살고 있지만, 이웃이 아닌 먼 곳의 특수학교로 다녀야 한다면, 결국 장애인은 분리되어야 한다는 인식을 체득하게 된다. 교육에서의 분리는 결국 사회에서의 분리로 이어진다.

교사가 마음만 먹으면 함께할 방법을 찾아낼 수 있다. 교사는 교육 전문가다. 방법을 고민하고, 시행착오를 겪으며, 포기하지 않는 모습을 보이면 비장애 학생들은 더 많은 것을 배운다. 누구나 부족한 부분이 있지만, 그것이 열등함이 아니라는 것, 사람마다 다른 속도로 성장한다는 것, 서로 다른 모습 그대로 존중받아야 한다는 것을. 이런 가치를 배운 아이들은 자기 자신을 더 존중하며, 타인에게도 따뜻한 시선을 보낼 줄 알게 된다.

학급에서 약한 존재를 배려하는 교사의 모습을 보며 아

이들은 '인간다움'을 배운다. 자신 역시 한 사람으로서 존중받고 있다는 감각을 키운다. 통합 학급을 운영하면 할수록 아이들은 경쟁을 통해서가 아니라, 서로 돕고 존중하며 함께 성장한다는 것을 더 깊이 깨닫게 된다.

장애가 있는 아이는 단순히 보호받아야 할 존재가 아니다. 교사는 물론, 학급의 모든 아이를 성장하게 하는 소중한 존재다. 함께 배우고 성장할 기회를 얻지 못한다면, 결국 장애 학생뿐만 아니라 사회 전체가 더 많은 것을 잃게 된다.

세상에 함께할 수 없는 사람은 없다. 우리가 만든 벽이 있을 뿐이다. 남을 이겨야만 살아남는다고 배우면, 결국 경쟁에서 승리한 사람도 불행해진다. 효율과 생산성을 최우선으로 삼는 사회는 약한 존재뿐만 아니라, 경쟁에서 살아남은 사람조차 불행하게 만든다. 우리는 함께 살아가는 법을 배워야 한다. 그 시작은 교실에서부터 가능하다.

배려와 배제 사이

"명랑아, 오늘 명랑이(특수교육 대상자)가 청소 담당이야. 종례 후 남아서 청소하고 가야 해."

"싫어요."

"명랑이 분단 친구들 모두 청소야. 그러니 명랑이도 하는 거야."

"나는 안! 해도 돼요. 청소 안! 해요. 엄마가 기다려요."

"엄마한테 선생님이 전화할게. 명랑이는 청소하고 가는 거다."

"싫어 싫어 싫어."

결국 어머니께 전화를 했고, 명랑이는 엄마와 통화를 한 후, 툴툴거리며 남아서 청소를 했다.

책걸상을 미는 것도 바닥을 쓸고 닦는 모습도 다 어색했다. 나는 한 번에 하나씩 목표를 잡고 가르쳤다. 어떤 날은 바닥을 쓰는 것만, 다른 날은 닦는 것만. 또 다른 날은 창문을 열고 닫는 것도 가르쳤다. 청소를 제대로 할 수 있게 되기까지 몇 달이 걸렸다.

"선생님, 명랑이도 청소 좀 하네요. 처음엔 못하더니."

반 아이들이 다 지켜보고 있었다. 단순히 청소를 하고 안 하고의 문제가 아니라, 어디까지가 '배려'이고 어디서부터 '차별'인지를 아이들이 생각해 볼 기회가 되었으리라. 또한 명랑이가 장애를 핑계 삼고 예외를 당연히 여기지 않게, 자신도 구성원으로서 책임을 다해야 함을 알게 하고 싶었다. 청소에서 끝나는 것이 아니라 1년 동안 모든 활동에 동일한 규칙을 적용했다. 사실 명랑이가 장애 때문에 하지 못하는 일은 거의 없었다. 할 수 있도록 조금만 지원해 주면 되었다. 명랑이 본인이 이제까지 받아온 특별한 대우 때문에 당연한 것을 오히려 거부하려 하는 게 장애가 되었을 뿐.

명랑이는 중학교 3학년이 되어 나를 만나기 전까지 청소를 해 본 적이 한 번도 없다고 했다. 처음엔 정말 의아했다. 몸을 쓰지 못하는 장애도 아닌데 왜 청소를 안 시켰던 걸까?

선생님들이 명랑이에게 청소를 시키지 않은 건, 그를 배제하려던 걸까, 아니면 배려라고 생각했던 걸까? 나는 후자였다고 본다. 나도 그랬으니까. 교직 첫해 만난 자폐성 장애 아이에게 아무것도 하지 않아도 되도록 한 것이 나름의 배려라고 믿었다.

그런 행동은 단순히 개인의 의식 수준이 낮아서만은 아니다. 우리는 장애 학생이 분리된 공간에서 교육받던 시절에 학교를 다녔고, 책에서는 장애인을 '약자'라고 배웠다. 약자를 위한 배려는 곧 미덕이라는 교육을 받아 왔고, 그 배려가 실제로는 배제가 되지 않으려면 어떻게 해야 하는지는 누구에게도 배우지 못했다.

시각장애 학생을 가르쳤을 때 배려와 배제 사이에서 굉장한 내적 갈등이 있었다. 나는 시각장애에 대해 잘 모르기 때문에 어디까지 지원해야 할지, 혹시 나의 배려가 아이의 기분을 상하게 하지는 않을지 걱정스러웠다. 내가 택한 방법은 모른다는 것을 솔직히 인정하고 '물어보기'였다.

"어떻게 도와줄까? 뭐가 필요하니? 선생님이 잘 몰라서 미안해. 잘 모르니까 네가 가르쳐 줄래? 도움이 필요하면 꼭 얘기해 줘."

내 주변 교사들은 대부분 학생들을 사랑하는 좋은 사람들이다. 업무에 치이면서도 학급경영과 수업에 최선을 다하는 교사들이다. 그런데 왜 이들이 차별하는 사람이 될까? 명랑이의 과거 담임교사들은 내가 아는 한 모두 좋은 사람들인데, 왜 명랑이를 배제하고 청소조차 시키지 않았을까?

내가 그랬듯, 몰라서 그렇다. 누구나 자신은 차별하지 않는 좋은 사람이라 여기지만, 장애에 대한 경험이 워낙 없으니 무엇이 차별인지조차 구분할 수 없는 상태이기 때문에 그렇다. 왜 차별하냐고 화를 내고 다그치면 방어부터 하는 게 당연하다. 친절히 알려 주고 지원해 주어야 한다.

그래서 나도 쉽지는 않지만 최대한 많은 사례와 시행착오를 통한 깨달음을 공유하려 노력한다. 통합 교육의 다양한 사례와 어려움을 내가 다 알 수는 없지만, 적어도 나의 경험은 최대한 공유할 것이다. 올해도 현장에서 열심히 고민하고 교육하고, 성찰하고 나누고, 공유하고 돕는 일을 멈추지 않을 것이다.

고등학교에 진학한 명랑이가 부디 사회 구성원으로서 자신의 책임과 역할을 다할 수 있는 여건이 만들어지기를. 명랑이와 함께했던 우리 반 아이들이 앞으로도 장애를 이유로 학급 친구를 배제하지 않기를. 장애가 있는 친구를 만나면 나와 함께했던 지난 1년을 떠올려 보기를. 그럴 것이라 나는 믿는다.

교사에게 짐이 되는 통합 교육, 어떻게 해결할까?

"장애 학생이 싫어서가 아니에요."

교육청에서 통합 교육 강의가 끝나자 한 교사가 기다렸다는 듯 내게 다가와 말했다.

"매년 통합반을 맡지 않으려 했던 사람이 저입니다. 그건 장애 학생이 싫어서가 아니고요. 정말 어떻게 해야 할지 모르겠어요. 물어볼 사람도 없고, 제대로 된 연수도 없잖아요. 실패 경험이 계속 쌓이니까 통합반을 맡게 되면 '올해는 망했구나.' 생각하게 되더라고요."

그는 급기야 눈물까지 보였다.

통합 교육에 대한 관심과 인식이 과거보다 높아지면서 대놓고 통합반을 거부하는 교사는 이제 거의 없다. 그러나 속으로는 통합반을 맡을까 조마조마한 교사가 많다. '어떻게 해야 할지 모르겠다'는 이 교사의 말처럼, 현장 교사들은 대부분 명확한 가이드 없이 통합 학급을 운영해야 한다.

나도 그랬다. 발령 첫해, 나는 자폐성 장애가 있는 학생을 만났다. 그때는 아이를 낳기도 전이었고, 학창 시절에 통합 교육을 받아 본 적이 없는 나는 교직에서 장애가 있는 학생을 만나리라고는 전혀 예상치 못했다. 어떻게 대해야 할지 몰라 쩔쩔맸다. 결국 교실에서 온종일 잠만 자도록 내버려두었다. 잠을 깨우면 학생이 짜증을 내고 반항했기 때문에 그냥 두는 편이 나았다.

속으로는 '어차피 수업 내용을 이해하기 어려울 텐데, 차라리 잠이라도 자는 게 낫지 않을까?'라고 합리화했다. 그 학생이 내 수업 시간에 특수학급에 가 있으면 그렇게 마음이 편할 수가 없었다. '특수학급에서는 내가 해 줄 수 없는 맞춤형 수업을 받을 거야.'라며 스스로를 위로했지만, 결국 그건 내 역할을 회피하는 것이었다. 내가 발령받은 해가 2008년이니 벌써 17년이 지났다. 하지만 지금도 17년 전의 나처럼 통합 학급 운영에 어려움을 겪는 교사들이 많다. 요즘은 대학에서 특수교육학 개론을 필수 과목으로 한 학기 듣지만, 막상 현장에서는 별 도움이 되지 않는다고 한다.

왜 통합 학급을 맡기 어려운가? 통합 학급을 제대로 운영하려면 많은 노력이 필요하기 때문이다.

- 특수교육 대상 학생의 장애에 대한 공부
- 비장애 학생들에게 지속적·일상적 장애 이해 교육 실시
- 학부모 상담 및 지속적인 소통

- 개별화교육 회의 참석 및 특수교사, 교과 교사, 관리자와의 협력
- 학급 내 갈등 중재
- 교수적 수정 및 참여 지원 방안 연구

　이 모든 것이 일반 학급 운영보다 훨씬 많은 시간과 노력을 요구한다. 통합 학급을 맡는다고 추가 수당이 나오는 것도, 특별한 지원이 있는 것도 아니다. 오히려 업무 부담만 커진다. 특수교육 대상 학생이 아니라도 학급에는 이미 어려운 학생들이 많다. 그러다 보니 많은 교사들이 통합 학급을 기피한다.

　5년 차 미만의 저경력 교사가 통합 학급을 맡으면 상황은 더욱 힘들어진다. 학교 시스템과 행정 업무에 익숙하지 않은 상태에서 통합 학급 운영의 어려움까지 더해지기 때문이다. 여유 없는 담임이 통합 학급을 잘 이끌어 가기란 현실적으로 어렵다. 이렇게 부정적인 경험이 쌓이면 다음에도 피하게 된다. 결국 통합 학급 운영 경험이 부족한 교사가 계속 생기고, 제대로 된 지원이 없는 상태에서 악순환이 반복된다.

　이런 사정을 부모들은 잘 모른다. 아이가 학교에 잘 적응하지 못하면 교사의 무관심이나 무능을 탓하기 십상이다. 교사도 어디에서도 배우지 못한 일을 해내느라 고군분투하

고 있음을 부모가 알 리가 없다. 학교에 보내면 교육 전문가인 교사가 알아서 지도할 줄 알았는데 아닌 것을 알고 실망과 원망을 쏟아 낸다.

중고등학교 교사는 교과 전문가로 임용 시험도 교과 지식과 수업 연구가 주를 이룬다. 실제 학생들을 다루는 법은 경험을 통해 알아 간다. 그러니 요즘처럼 다루기 어려운 학생들이 많은 시대에는 학급 운영이 어려울 수밖에 없다.

대부분 통합 학급을 처음 맡으면 아무것도 못 하고 특수교사에게 의존한다. 특수교사도 어렵기는 마찬가지다. 특수교사는 주로 특수학급에 있어서 통합 학급 사정을 잘 모른다. 웬만큼 경험이 많은 노련한 교사가 아니면 통합 학급에서 일어나는 문제들에 대해 조언하기 어렵다. 결국 통합 학급을 맡으면 적절한 가이드나 지원 없이 고군분투하게 된다.

그렇다면 교사는 무엇을 지원받아야 통합 학급을 제대로 운영할 수 있을까? 일단 알아야 한다. 교대나 사범대 시절부터 통합 교육의 정의, 목적, 필요성, 현실, 방법, 과제 등에 대해 배워야 한다. 교사가 되면 누구나 통합 교육을 하게 된다는 것을 미리 알고 다양한 학생들을 만날 준비가 되어야 한다. 단순히 특수교육학 개론을 배우는 데서 나아가 보편적 학습 설계, 장애 학생을 위한 교수적 수정, 통합 학급 운영 등에 대해 구체적 지식과 기술을 익혀야 한다.

그렇다면 준비된 교사만 있으면 충분할까? 아무리 능력

이 뛰어난 교사라 하더라도 다양한 특성을 가진 다수의 학습자를 한 공간에서 제대로 지도하기는 어렵다. 특수교육 대상 학생뿐만 아니라 개별적 관심과 촉진이 필요한 학생들이 많기 때문이다. 이미 미국과 유럽에서 한 교실에 두 명 이상의 교사가 협력 수업을 하는 일은 아주 흔하다.

최근 〈장애인 등에 대한 특수교육법〉 제21조가 개정되어 "교육부장관 및 교육감은 특수교육 대상자의 통합 학급 교육 활동을 지원하기 위하여 대통령령으로 정하는 바에 따라 특수교육 교원을 둘 수 있다."가 추가되었다. 현재 특수 교사는 특수학급에만 있지만, 통합 학급에도 특수교육 교원을 배치할 수 있다는 의미다. 특수교육 대상 학생들이 일반 학급에서도 전문적 지원을 받아 수업에 참여할 수 있도록 하려는 취지다. 이 법이 시행되기 위해서는 교원의 자격, 배치 기준, 그리고 교육 지원 방식에 관한 규정이 구체화되어야겠지만, 어쨌든 통합 교육을 위해 가장 절실히 필요한 '인력'이 지원될 수 있는 근거가 마련되었다니 기쁘고 반가운 일이다. 앞으로 교육 수요자의 관심과 적극적인 피드백으로 제도가 신속하게 널리 시행되고 안착되면 좋겠다.

마지막으로 학부모의 따뜻한 관심과 적극적인 노력이 필요하다. 나는 해가 바뀔 때마다 우리 아이들의 지원 인력을 확보하기 위해 최선을 다한다. 이는 당연히 학교와 교육 당국이 해야 할 일이지만 현실이 열악하다는 걸 너무 잘 알기 때문에 열심히 돕는다. 지역 교육청 및 도교육청, 교육부까지 전화해 학교의 어려운 상황을 알리고 도움을 요청했다. 필요한 경우에는 칼럼도 쓰고 단체의 도움을 받아 보도 자료도 배포했다. 한정된 예산과 인력으로 대부분 난색을 표하지만 어려움을 적극적으로 알려야 조금이라도 개선될 여지가 생긴다.

많은 학부모들이 '학교에서 알아서 하겠지.'라고 믿고 있다가 학교의 열악한 지원에 기함하고 분통을 터뜨린다. 이때 분노와 공격의 대상은 학교와 교사가 된다. 그들이 열악한 특수교육 현실의 해결을 위해 할 수 있는 일이 거의 없다는 실상을 학부모는 알지 못한다. 그저 위에서 내려오는 인력과 자원 안에서 최선을 다할 수밖에 없다는 것을, 교사가 아무리 능력이 있어도 극복할 수 없는 현실의 벽이 있다는 것을 알지 못한다.

물론 교사도 교육청에 어려움을 호소한다. 단단한 계층적 조직 구조에서 일반 교사의 사정을 얼마나 살펴 줄지 회의적이지만 교사들도 지원을 요청한다. 2024년 10월 인천 특수교사 사망 사건만 봐도 알 수 있다. 법정 인원을 넘긴 과밀 특수 학급에서 비명을 지르며 도움을 요청(실은 도움 요청이 아니라 정당한 요구)한 특수교사를 죽음으로 내몬 현실이 어떠한지, 전국에 10퍼센트가 넘는 과밀 특수학급에서 특수교사가 분투하고 있음을 기억해야 한다.

통합 교육은 단지 장애 학생을 일반 학급에 배치하는 것으로 끝나지 않는다. 이는 교사, 학부모, 그리고 교육 당국 모두가 함께 만들어 가야 할 복잡한 과정이다. 교사가 충분히 준비되지 못한 상태에서 고군분투하고, 학부모가 시스템의 한계를 모르고 실망하거나 분노하며, 교육 당국이 현실적인 지원을 제공하지 못하는 한, 통합 교육은 이상과 현실 사이의 괴리로 남아 있을 수밖에 없다.

그러나 희망은 있다. 법적 기반이 마련되고, 사회적 관심이 점점 높아지는 지금이 변화의 기회다. 교사는 준비되고, 학부모는 협력하며, 교육 당국은 실질적인 지원을 통해 이 구조를 조금씩 개선해 나가야 한다. 통합 교육은 단순히 교육 현장의 문제가 아니라, 우리 사회가 얼마나 포용적이고 성숙한지 가늠할 수 있는 척도이다. 이 과정을 함께 만들어 가는 모두가 그 중요성을 잊지 않고 각자의 자리에서 최선을 다할 때, 진정한 통합 교육의 꿈이 실현될 것이다.

함께하는 교실을 위해 필요한 협력 교수제

대부분의 특수교육 대상 학생들은 특수학급과 통합 학급(원적 학급)을 오가며 수업에 참여하고 있습니다. 특수학급에서는 개별화교육계획에 따라 수업을 받지만, 통합 학급에서는 별도의 목표도 계획도 없이 교육적 지원을 받지 못하는 것이 현실입니다. 통합 학급에서도 의미 있는 수업과 참여가 이루어지려면 반드시 특수교육 대상 학생의 수준과 특성에 맞는 교수적 수정이 이루어져야 하며, 이를 지원할 인력 또한 필요합니다.

그러나 현실에서는 대부분의 특수교육 대상 학생이 통합 학급 수업에서 실질적인 지원을 거의 받지 못한 채 방치되고 있습니다. 전혀 준비되지 않은 교실에 장애 학생을 배치해 두기만 한 실정이라고 해도 과언이 아닙니다. 수업 내용을 이해하지 못하고 참여할 수도 없는 학생은 나름의 방식으로 어려움을 표현하게 되며, 이는 흔히 문제 행동의 형태로 나타나기 쉽습니다. 문제 행동은 수업 방해로 간주되어 특수학급으로 분리되거나, 심할 경우 학교 폭력 사안으로 처리되기도 합니다.

현행 체제는 특수교육 대상 학생이 비장애 학생의 수업을 방해할 경우 언제든지 특수학급으로 분리·배제하기 쉽게 구성되어 있습니다. 특수학급은 특수교육 대상 학생들이 개별적인 교육과 지원을 받기 위한 공간이지만, 실제로는 분리의 공간으로 활용되는 경우가 많습니다. 이런 현상은 학교 급이 올라갈수록 더욱 심각해집니다. 특수교육 대상자로 선정된 것이 적절한 지원과 교육을 받기 위함이 아니라, 비장애 학생에게 방해가 될 경우 언제든지 격리되기 위한 수단이 아닌가 하는 생각이 들 정도로, 통합 학급 내 교육과정적 체계가 부재한 상황입니다.

거듭 말하듯 장애 학생을 일반 학급에 배치해 놓고 아무런 지원 없이 견디도록 요구하는 것은 사실상 학대에 가깝습니다. 이런 통합 학급 상황에서는 장애 학생은 물론 비장애 학생에게도 교육적 효과를 기대하기 어렵습니다. 오히려 장애에 대한 혐오와 차별을 조장합니다. 비장애 학생은 장애 학생에게 아무런 지원이 제공되지 않는 상황을 당연히 여기게 되고, 다수에게 불편을 초래하면 분리된다는 사실을 학습하게 됩니다.

이런 현실을 개선하기 위해 가장 시급한 문제는 인력 확충입니다. 특수교육 대상자의 통합 학급 수업을 지원하기 위해서는 협력 교수가 필요하며, 이를 위해 통합 교육 지원 교사를 배치해야 합니다. 통합 교육 지원 교사는 일반 교사와 협력해 수업을 함께 이끌고, 담임 교사에게 통합 교육에 필요한 정보 및 교수 수정 자료를 제공하며, 통합 환경을 조성하는 역할을 담당해야 합니다. 이들은 특수교육 대상 학생뿐만 아니라, 특별한 지원이 필요한 다양한 학생들을 함께 지도할 수 있습니다.

현재 일부 학교에서는 특수교사와 일반 교사가 협력 수업을 실시하고 있으나, 대다수 학교에서는 특수교사의 과중한 업무와 수업 시간 부족 탓에 협력 수업 자체가 어려운 실정입니다.

2024년도 특수교육 통계에 따르면, 우리나라의 특수교육 대상자는 총 11만 5610명으로 전체 유·초·중·고 학생 약 568만 명 중 약 2.03%를 차지합니다(실제 비율은 이보다 더 높을 것으로 추정되며, 국제적으로는 특수교육 대상 학생 비율이 보통 10~15% 수준입니다. 이는 우리나라의 선정 기준이 매우 엄격하기 때문입니다). 이 중 73.7%는 일반 학교에 배치되어 있으며, 그중 16.6%는 전일제 통합 학급에 배치되어 있습니다.

특수교사는 특수교육지원센터에서 근무하는 인력을 포함해 총 2만 7001명입니다. 그 수는 매년 증가하고 있지만, 법정 기준(특수교육 대상 학생 4명당 교사 1명)을 충족하지 못하는 경우가 많습니다. 법정 기준을 충족한다고 하더라도, 현실적으로 통합 학급 수업 지원을 하기에는 매우 부족한 수치입니다. 현재와 같은 한정된 특수교사 인력으로는 통합 학급 수업을 효과적으로 지원하기 어렵습니다.

현재는 교사 증원이 학급 증원과 연동되어 이루어지는 구조이지만, 앞으로는 특수교육 대상자의 장애 유형과 특성에 따라 별도로 교사를 증원할 수 있어야 합니다. 장기적으로는 법정 기준을 특수교육 대상자 2, 3명당 교사 1명 수준으로 낮추어야 현실적인 협력 수업이 가능해질 것입니다.

저는 최근 2년간 기초학력 협력강사 제도를 활용해 협력 수업을 운영했습니다. 이를 통해 특수교육 대상자뿐만 아니라 학습에 어려움을 겪는 다양한 학생들을 지원할 수 있었습니다. 협력 수업을 통해 정서·행동 장애 학생, 경계선 지능의 느린 학습자 등 수업 참여가 어려운 여러 학생들에게 효과적인 지원을 제공할 수 있습니다.

한 명의 교사가 다양한 특성과 요구를 지닌 학생들을 동시에 지도해야 하는 현재의 구조에서는, 많은 학생들이 교육적으로 소외될 수밖에 없습니다. 학습 동기가 낮고, 학습 결손이 누적된 학생일수록 더욱 세심한 교사의 손길이 필요하며, 이는 디지털 교과서나 교육 기기로는 대체할 수 없는 영역입니다. 협력 교수를 위한 인력 지원은 통합 교육 현장뿐만 아니라 전체 교실의 교육 질을 향상하는 데 반드시 필요한 과제입니다.

★ 통합 교육 지원 교사와 관련된 법률은 〈장애인 등에 대한 특수교육법〉 및 그 시행령에 규정되어 있습니다. 2024년 2월 27일 공포된 일부 개정안에는 통합 학급의 교육 활동 지원을 위해 특수교육 교원을 배치할 수 있음을 명시하고 있으며, 이 개정안은 2025년 2월 28일부터 시행되고 있습니다.

배우지도 않고 평가받는 아이들

"경종아, 선생님이 서명을 받으러 왔어. 여기 경종이 이름 보이지? 여기 네 이름 옆에 정자로 이름을 쓰면 돼."

나는 얼굴 가득 미소를 지으며 경종이에게 점수표를 건넸다. 경종이는 익숙한 듯 자신의 이름을 또박또박 썼다.

"잘했어, 경종아. 고마워."

"네."

웃으며 손을 흔들고 돌아서는데, 왠지 모를 미안함과 부끄러움으로 얼굴이 뜨겁게 달아올랐다. 나는 경종이에게 무엇을 잘했다고 말한 걸까? 무엇이 고맙다고 한 걸까? 너를 가르치지도 않고 시험지를 내미는 평가 시스템에 순응한 것을 잘했다고 말한 걸까? 내가 평가표를 잘 제출할 수 있도록 바르게 이름을 쓴 것이 고마운 걸까? 도대체 경종이는 저 자리에 앉아 똑같은 행동을 얼마나 반복하고 있는 걸까? 수업 시간에 만나지도 않는 선생님들이 내미는 종이에 서명하는 일을 어떤 마음으로 해 주고 있는 걸까?

무엇인지 설명해 주지 않으니 당연히 그 뜻을 알 리가 없다. 처음엔 속으로 의아했을지도 모른다. 경종이의 입장에서는 의미를 알 수 없는 일투성이니 반복되는 서명 요구에 복종하는 것은 때가 되면 밥을 먹는 일만큼 자연스러운 일일 테지. 무수한 반복이 차곡차곡 쌓여 학생에게도 교사에게도 이유를 물을 수 없는 습관처럼 당연한 일이 되어 버린 게 아닐까.

"선생님, 경종이 수행평가 어떻게 해요? 수업에 들어오지도 않는데…."

경종이의 담임인 나에게 교과 교사들이 물었다. 경종이는 우리 반 학생이긴 하지만 정서적 어려움으로 인해 몇 달간 특수반에서만 수업을 받고 하교했다. 우리 반에서 수업을 받지도 않는데 평가는 치러야 한다. 평가 기준안에 의해 수행평가지에 이름이라도 쓰면 응시한 것으로 보고 기본 점수를 부여할 수 있다. 교사들은 기본 점수라도 부여해 주는 것이 학생을 위한 일이라 여긴다. 정말 그럴까? 애초에 수업에 참여할 기회도 주지 않았으면서, 기회를 준다 해도 알아듣지 못할 게 뻔하니 다른 아이들과 똑같은 시험에서 기본 점수라도 주는 게 배려인 걸까?

만약 초등학교 1학년 아이에게 학교에서 수능 시험지를 주고 풀라고 한다면 아이의 기분이 어떨까? 수능으로 당신의 일곱 살 아이를 평가하겠다고 하면 당신은 부모로서 어떻게 할 것인가? 만약 당신에게 희랍어로 된 시험지를 주고 당신의 능력을 평가하겠다고 하면 뭐라고 할 것인가? 물론 당신은 희랍어를 배운 적이 없다. 다른 언어를 선택할 수도 없고 시험을 거부할 수도 없다.

누가 봐도 비상식적인 일임에 틀림이 없다. 하지만 이런 일이 30년도 넘게 계속되고 있다. 그것도 공교육 현장인 학교에서. 나도 18년 차 교사이니 차별을 관행으로 굳혀 가는 데 제 몫을 다한 셈이다.

경종이에게, 그리고 앞으로 내가 만날 또 다른 무수한 아이들에게 나는 얼마나 더 의미 없는 평가지를 내밀고, 억지웃음을 지으며 점수표에 서명을 받아야 할까? 매번 다시는 학생을 뒤돌아보지 못할 것 같은 부끄러움을 느끼면서도 나는 반복하고 있다. 거대한 평가 시스템, 몇십 년 관행을 일개 교사인 내가 어떻게 할 수 없다는 변명과 무력감 사이를 오가며 나는 일종의 '도덕 손상'을 입었다.

특수교육 대상 학생인 큰아이가 올해 중학교에 입학했다. 입학을 한 해 앞둔 작년에야 겨우 나는 평가에 대한 고민을 시작했다. 이전엔 장애가 있어도 그 수준과 특성에 맞게 수업에 참여만 할 수 있으면 된다고 생각했다. 장애 학생을 내가 할 수 있는 한 수업에 참여시킬 수 있으면 만족했다. 이후 늘 평가가 따라오지만 평가 조정을 통해 수행평가에 참여시키는 데 의미를 두었다. 내 힘으로 어찌할 수 없는 부분이라 어쩌면 생각을 일부러 유보했는지도 모른다. 그러나 막상 내 아이가 입학한다는 현실이 코앞으로 다가오니, 참을 수 없는 분노와 깊은 슬픔이 가슴을 파고들었다.

애초에 수행할 수 있는 능력이 없어 장애 진단을 받았는데 아이가 배울 수 없는 것으로 평가받고 서명해야 한다니, 아무리 학생이 그 의미를 모른다 해도, 이는 존재 자체를 부정하는 행위였다. 나는 내 학생에게 그런 행위를 가하는 사람으로서 느낀 한 조각 부끄러움이 다였지만, 거대한 시스템 안에서 아무것도 모른 채 존재를 무시당한 학생은 저항할 힘조차 빼앗긴 채, 약자로서의 자리를 더 깊이 새겨 가고 있었다. 이제야 겨우 내가 저지른 행위 이면에 담긴 사회적 의미를 깨달았다. 그토록 몸서리치며 경멸했던, 우리를 짓누르던 거대한 쇳덩어리 같은 차별의 행위자가 되어, 내가 그 역할을 차곡차곡 쌓아 가고 있었다는 사실을 통찰하는 순간, 눈앞이 아득해졌다. 이제 나는 부모로서 이 일을 어떻게 풀어 갈 것인가.

특수교육 대상 학생은 일과 중 개인 시간표에 따라 특수학급과 통합 학급을 오가며 수업을 받는다. 특수학급에서는 개별화교육계획에 의한 수업을 하고 있지만, 통합 학급에서는 개별화된 목표나 성취 기준이 없다. 교사의 역량에 따라 특대자가 받는 교육의 질이 완전히 달라진다고 볼 수 있다. 거의 방치 상태로 교실에 존재만 할지, 교수적 수정을 통한 교육과정적 통합으로 의미 있는 수업 참여를 할지는 전적으로 수업하는 교사에게 달려 있다. 하지만 의미 있는 수업이 이루어진다 하더라도 수정된 목표나 학습 내용을 평가받을 수는 없다. 바꾸어 말하면 교사가 자신의 수업에 들어오는 특대자에 대한 개별화된 평가 책무성을 지니지 않는다는 의미이며, 이는 곧 수업에 대한 의무와 책임도 없다는 뜻이다. 오로지 교사의 철학과 양심에 따라 특대자의 수업의 질이 결정된다.

개별화교육이 이루어지는 특수학급 수업은 어떨까? 학기 초 특수교사가 학생의 수준과 능력을 파악하고 그에 따른 교육 목표와 계획을 세운다. 그에 따른 개별화된 수업이 진행되긴 하지만 평가는 이루어지지 않는다. 물론 특수교사 재량으로 평가를 실시하기도 하겠지만, 공식화된 평가가 없다. 즉, 특수교육 대상 학생들은 애초에 도달할 수 없는 성취 기준에 의한 평가를 제대로 배우지도 않고(심지어는 수업에 참여하지도 않고) 치러야 하며, 정작 제대로 된 수업을 받는 특수학급에서의 학습은 평가조차 받지 못하는 것이다. 결과적으로, 특대자는 '학습-평가-성취'라는 기본 교육의 순환 체계에서 사실상 제외된다는 의미다.

현재 특수교육 대상 학생들이 겪는 문제는 단순히 개별 교사의 노력으로 해결될 수 없는, 구조적이고 체계적인 문제다. 특대자가 의미 있는 교육을 받고, 그 성과를 인정받기 위해서는 통합 학급과 특수학급 모두에서 개별화된 교육과 평가가 이루어져야 한다. 이를 위해서는 교육 시스템과 정책의 전반적인 개선이 요구된다.

교육은 모든 학생의 권리임을 모르는 교사는 없다. 내가 경종이와 같은 학생들에게 배우지도 않은 것을 평가하는 시험지를 내밀며 죄책감과 무력감을 느끼지 않도록 진정한 교육 평등을 이룰 수 있는 교육 시스템 구축이 필요하다.

발달장애 학생을 어떤 방법으로 평가할 수 있을까?

'평가 조정'이란 장애가 있는 학생이 자신의 능력을 최대한 발휘할 수 있도록 평가 조건 및 방법 등을 변경하거나 조절하는 것을 말합니다. 예를 들면 읽고 쓰는 데 어려움이 있는 학생에게 시험 시간을 연장하거나, 녹음된 문제지를 제공하고, 컴퓨터 타이핑 및 대필을 허용하는 것입니다. 이는 시험 내용의 변화는 없고, 평가를 위한 외적 지원을 제공하는 것을 의미합니다. 그러나 대부분의 발달장애 학생(특수교육 대상 학생의 81.7%°)은 평가 조정만으로는 정규 평가에 참여할 수 없습니다. 발달장애 학생이 평가에 참여하기 위해서는 평가를 위한 외적 지원뿐만 아니라 '내용 수정'이 필요합니다. 평가 조정을 제공했음에도 정규 평가에 참여하기 어려운 학생들의 수행을 평가하기 위해 사용하는 방식은 '대안 평가'Alternative assessment, AA입니다.°° '평가 조정'이 아닌 별도의 평가 방식과 이에 대한 지침이 필요합니다.

현재 평가 조정에 관한 법적 근거는 교육부 훈령(〈학교생활기록 작성 및 관리지침〉)에 마련돼 있지만 대안 평가에 대해서는 법적 근거가 없습니다.

〈초·중등교육법〉은 제59조에서 국가와 지방자치단체는 통합 교육을 하는 데 필요한 시책을 마련해야 한다고 규정하고 있고, 〈장애인 등에 대한 특수교육법〉(〈특수교육법〉) 제21조는 교육감은 특수교

대안 평가 개념에 대한 해외 사례(미국의 대안 평가 유형에 따른 구분)

	학년 수준 성취 기준에 근거한 대안 평가 (AA-GLAS)	수정된 성취 수준에 근거한 대안 평가 (AA-MAS)	대체 성취 기준에 근거한 대안 평가 (AA-AAS)
도입 시기	NCLB(2001) — 개념 도입은 2001년, 명칭 도입은 2007년	NCLB Title I, IDEA (2007)	NCLB(2003)
대상 학생	정규 평가와 동일한 성취 기준을 적용받으나 평가 방법에서 대안적인 평가 방법이 필요한 학생	정규 평가와 동일한 성취 기준을 적용받으나 일반 학생과 동일한 기간 동안 성취 수준에 도달하기 어려운 학생	가장 심한 인지적 장애를 가진 학생, 학년 수준의 학업 성취를 기대하기 어려운 학생
학업 기준	학년 수준의 학업 성취 기준 적용, 동일한 학업 성취 수준 요구	학년 수준의 학업 성취 기준 적용, 좀 더 관대한 학업 성취 수준 요구 — 단계별 성취 수준과 해당 수준에 대한 기술, 예시 및 수준별 분할 점수 제시 필요	학년 수준 성취 기준에 부합되면서 매우 관대한 성취 수준을 적용하거나 대체 성취 기준 활용 가능
평가 방법	대안적 평가 방법인 교사 제작 준거 참조 검사, 관찰, 교육과정 중심 평가, 수행평가, 포트폴리오 등을 적절히 조합함	대안적 평가 방법 활용 — 성취 수준의 다변화를 반영해 난이도 조정(단순 문항으로 대치하거나 선택 항목의 수를 줄임)	대안적 평가 방법 활용

자료: 서선진 외 3명, 「장애학생 대안평가 방안연구」, 국립특수교육원, 2017.11.30., 15쪽.

육 대상자가 일반 학교에서 또래와 함께 교육받을 수 있도록 시책을 수립·시행해야 한다고 규정합니다. 또한 〈특수교육법〉에서 규정하는 특수교육 대상자는 시각·청각·지체장애뿐만 아니라 지적장애가 있는 사람도 포함하고 있습니다.

제15조(특수교육대상자의 선정) ① 교육장 또는 교육감은 다음 각 호의 어느 하나에 해당하는 사람 중 특수교육이 필요한 사람으로 진단·평가된 사람을 특수교육대상자로 선정한다. (개정 2016.2.3., 2021.3.23., 2021.12.28.)
1. 시각장애 / 2. 청각장애 / 3. 지적장애 / 4. 지체장애 / 5. 정서·행동장애 / 6. 자폐성장애(이와 관련된 장애를 포함한다) / 7. 의사소통장애 / 8. 학습장애 / 9. 건강장애 / 10. 발달지체 / 11. 그 밖에 두 가지 이상의 장애가 있는 경우 등 대통령령으로 정하는 장애

국립특수교육원이 발간한 「장애학생 평가조정 매뉴얼」은 시각장애, 청각장애, 지체장애만 포괄하고 있으며 (발달장애인에게 필요한) 문항의 난이도를 낮추는 평가는 '대안 평가'라고 하여 본 매뉴얼에서 다루지 않겠다고 하고 있습니다. 교육부 훈령에서 평가 조정에 관한 내용만 규정하고 대안 평가에 관한 내용을 규정하지 않은 것은 발달장애인의 교육권 및 평등권을 침해하는 것입니다.

발달장애 학생을 위한 대안 평가는 '특혜'가 아닌 '공정'을 위한 실천입니다. 학생의 특성과 요구를 세심하게 반영해 설계된 평가는 학습 동기와 자존감을 높이며 교육의 실질적 효과를 향상할 수 있습니다. 현재 일부 학교에서 수행평가에서는 발달장애 학생들의 평가 수정 및 대안 평가가 이루어지고 있습니다. 하지만 지필 평가에서는 여전히 발달장애 학생들이 배우지도 않고, 배울 수도 없는 내용으로 평가가 실시되고 있습니다. 발달장애 학생이 수준에 맞는 교육을 받고 평가받기 위한 법적 근거를 마련하고 개별화교육계획과 연계해

> ### 1. 특수교육 대상 학생의 정의
>
> 「장애인 등에 대한 특수교육법」에서는 다음과 같이 특수교육 대상 학생을 정의하고 있습니다. 특수교육 대상 학생은 특수교육을 필요로 하는 사람으로 진단평가된 사람입니다.
>
> **시각장애**를 지닌 특수교육대상자란 시각계의 손상이 심하여 시각기능을 전혀 이용하지 못하거나 보조공학 기기의 지원을 받아야 시각적 과제를 수행할 수 있는 사람으로서 시각에 의한 학습이 곤란하여 특정의 광학기구 및 학습 매체 등으로 학습하거나 촉각 또는 청각을 학습의 주요 수단으로 사용하는 사람을 말합니다.
>
> **청각장애**를 지닌 특수교육대상자란 청력 손실이 심하여 보청기를 착용해도 청각으로 의사소통이 불가능 또는 곤란한 상태이거나, 청력이 남아 있어도 보청기를 착용해야 청각을 통한 의사소통이 가능하여 청각에 의한 교육적 성취가 어려운 사람을 말합니다.
>
> **지체장애**를 지닌 특수교육대상자란 기능·형태상 장애를 가지고 있거나 몸통을 지탱하거나 팔다리의 움직임 등에 어려움을 겪는 신체적 조건이나 상태로 인해 교육적 성취에 어려움이 있는 사람을 말합니다.
>
> ### 2. 평가조정의 개념
>
> 평가조정이란 평가의 본래 목적을 해치지 않는 범위 내에서 문항의 제시형태, 반응형태, 검사시간, 검사환경 등을 조정하는 것과 같이 평가 전, 중, 후에 이루어지는 일체의 노력을 의미합니다.
>
> 장애학생이 평가에 참여하는 방법은 정규평가, 평가조정, 그리고 대안평가가 있습니다. 이 중에서 평가조정은 정규평가에 참여하기 어려운 학생을 대상으로 본래 정규평가에서 측정하려던 것을 해치지 않는 범위 내에서 필요한 조정을 하는 것을 말합니다. 따라서 지필평가에서 원래 문항의 난이도를 낮추는 것은 평가조정이 아니라 대안평가에 해당됩니다. 대안평가는 평가조정만으로는 평가에 참여하지 못하는 경우에 요구되는 방법입니다. 이 매뉴얼에서는 대안평가에 대한 부분은 다루지 않습니다.

자료: 국립특수교육원, 「장애학생 평가조정 매뉴얼」, 2016.9.30., 5, 6쪽.

학생 맞춤형 평가가 실현될 수 있도록 해야 합니다. 또한 대안 평가에 대한 연구가 활발히 이루어져 진정한 교육과정적 통합이 이루어지기를 바랍니다.

○ 교육부 국립특수교육원, 「2024 특수교육통계」, 2024.6.28.
○○ 서선진 외 3명, 「장애학생 대안평가 방안연구」, 국립특수교육원, 2017.11.30., 9쪽.

부모는 다 아프다

"선생님, 죽어야 끝날 것 같아요. 제가 죽어야 이 모든 일이 끝나지 않을까요?"

한결이의 어머니가 담임교사인 나를 찾아와 눈물을 뚝뚝 흘렸다. 이 말을 처음 들었을 때 나는 충격과 혼란으로 가슴이 울렁거렸다.

'애가 장애인도 아닌데 죽고 싶다고?'

한때는 내 아이에게 장애만 없으면 항상 감사하며 아이를 키울 수 있을 것 같았다. 장애가 없는 아이를 키우는 일은 식은 죽 먹기일 것 같다는 생각도 했다. 아마 내가 교사가 아니었다면 지금도 변함없이 같은 생각을 하고 있을지도 모른다.

장애가 없어도 죽고 싶다는 말을 교사에게 내뱉을 만큼 근근이 하루를 버텨 내는 아이들이 허다하다. 한결이는 피해망상에 사로잡혀 학교생활을 힘들어했다. 어머니도 아이도 우울증이 심해 보여 정신과 진료와 상담 치료를 권했다. 한결이가 학교생활을 할 수 있도록 최대한 돕고 싶었지만 내 능력 밖의 일이었다. 어머니와 종종 이야기를 나누며 나도 마치 사막을 걷고 있는 듯했다. 온몸이 타 버릴 것 같은 더위 속에서 물을 찾아 헤매는 절박함, 끝이 보이지 않는 절망감, 나만 의지하고 있는 어린 존재의 손을 잡고 방향을 상실했을 때 오는 무력감. 길도 없고 희망을 찾기도 힘든 그 마음은 내가 아이들을 키우며 경험한 것과 다르지 않았다.

한결이와 같은 학생들을 매해 만나고 있다. 복도에서 갑자기 쓰러지며 호흡곤란을 호소하는 아이, 화장실에서 칼로 팔을 수차례 긋고 나와 보건실로 직행하는 아이, 새벽에 가출했다며 전화하는 아이, 죽고 싶다며 유서를 남기고 하교하는 아이까지. 학급에는 늘 극심한 고통과 싸우고 있는 학생들이 있다. 원인과 양상은 다 다르지만, 이들을 키우는 부모의 마음은 같다.

장애가 있는 아이 둘을 키우고 있는 나는 세상에서 가장 불행한 사람으로 살았던 시절이 있었다. 왜 이런 끔찍한 형벌이 내게 왔는지 하늘을 원망하고 신세를 한탄했던 세월이 길었다. 한결이 어머니의 말처럼 누구 하나가 사라져야 고통이 끝나겠다고 생각했다.

아이를 키우는 것은 누구나 힘들다는 사실을 알게 된 게 나의 고통을 가볍게 했을까? 부끄럽게도 그렇다. 고통의 무게를 잴 수 있는 저울이 있다고 해도 장애아 둘을 양육하고 있는 나에게 지지 않을 만큼 무거운 절망감에 짓눌린 채로 살아가는 사람들이 존재했다. 피가 철철 흐르는 가슴을 부여잡고 호소할 곳을 찾다 못해 결국 내 앞에서 무너져 버리고 마는 부모들을 보며 생명을 낳아 기르는 일은 누구에게나 버겁고 어렵다는 사실을 피부로 깨달았다. 나에게만 일어난 거대한 재앙과 저주가 아니라 나와 다른 존재를 길러 내는 것 자체가 존재가 쪼개지는 고통을 수반한다는 사실이 선명해졌다.

　아이를 낳기 전에는 몰랐다. 매일 학생들과 부모들을 만나면서도 아이를 키운다는 것이 이토록 큰 책임감과 아픔을 동반하는 일인 줄 상상도 하지 못했다. 아이를 낳고도 몰랐다. 그저 부모가 뭔가 잘못해서 아이들이 잘못된 길로 빠진다고 생각했다. 대부분의 부모가 나처럼 모르고 아이를 낳는다. 내 아이는 나보다 훌륭하고 아름다운 삶을 살 것이라 기대한다. 부모는 생명을 주었다는 이유로 기대를 정당화하지만 그 기대가 만들어 낸 크고 작은 상실감이 아이의 존재를 흔들기도 한다. 이미 태어나면서부터 부모와 다른 존재였던 아이는 부모와도 세상과도 충돌하며 성장한다.

　물론 장애로 인해 추가되는 어려움이 있다. 사회적 차별, 부정적 시선, 장애 자체로 인한 어려움 등이 분명 존재한다. 하지만 여기에만 집중하다 보면 시야가 좁아진다. 누구나 고통 속에서 성장한다. 많은 부모들이 내 아이의 문제에만 고립되어 더 불행해진다. 내가 그랬던 것처럼. 내가 교사가 아니었다면 빠져나오지 못했을 상대적 박탈감의 형벌을 스스로 진 채로.

"어머니, 죽어도 끝나지 않아요. 끝은 없어요. 끝을 기대하지 마세요. 그저 오늘을 살아요. 적어도 오늘의 끝은 있잖아요. 오늘 할 수 있는 일을 함께 합시다."

한결이 어머니에게 죽지 말고 함께 살자고 말했다. 힘들 땐 그저 오늘을 버티면 된다. 그러다 보면 오아시스도 만나고 사람도 보이지 않을까? 내 아이만 키우는 부모는 나만 사막을 걷고 있다고 착각하기 쉽다. 수천 명의 학생과 학부모를 만난 교사로서 감히 건네고 싶은 말이 있다. 위로가 될지 모르겠지만, 아이를 키우는 일은 누구에게나 힘들다. 한 세계가 오는 일이라고 하지 않았나? 한 세계가 균열 없이 구성될 턱이 없다. 한결이 엄마도, 나도, 당신도 모두가 한계를 초월하는 고통을 감내하며 생명을 키우고 있다.

모든 행동에는 이유가 있다

"선생님 경호가 자꾸 욕해요."

"그래, 나도 알고 있어. 그래서 너희 기분이 나쁘니?"

"네."

"그래, 누구나 욕을 들으면 기분이 나쁘지. 그런데 경호가 왜 욕을 할까? 이유를 한번 생각해 볼까?"

"모르겠어요…. (누군가가 소리침) 따라 하는 거 아니에요?"

"오! 맞았어! 누가 이렇게 관찰력이 뛰어날까? 혹시 반향어라고 들어봤니?"

"아니요."

"〈이상한 변호사 우영우〉에 나왔는데, 혹시 기억하는 사람이 있을까?"

"아! 저 알아요! 말 따라 하는 거잖아요!"

"맞아. 반향어는 들은 말을 그대로 따라 하는 거야. 반향어에는 즉각 반향어와 지연 반향어가 있어. (칠판에 즉각과 지연을 씀)"

"즉각이 뭘까?"

"즉석 하는 거요!"

"맞아! 들은 즉시 바로 따라 하는 것! 그게 즉각 반향어야. 그럼 지연은 뭘까?"

"시간이 지연되는 거요!"

"맞았어! 시간이 지난 후에, 들었던 말을 따라 하는 걸 지연 반향어라고 해. 그럼 우리 반 경호가 하는 건 '즉각'일까 '지연'일까?"

"(웅성웅성) 바로 따라 하지는 않잖아. 대화는 되던데. 지연 반향어 아니에요?"

"그래 맞아. 경호는 주로 지연 반향어로 말하지. 한번 생각해 보자. 우리는 욕을 할 때 어떤 마음으로 욕을 할까?"

"화나니까 하는 거죠!"

"경호가 화가 나서 욕을 하는 것 같니?"

"아니요, 누구한테 욕을 하는 건지도 모르겠어요. 아무도 안 보고 그냥 막 해요. 연기하는 것 같아요."

"그래, 바로 그거야. 경호는 너희에게 화가 나거나 모욕 주고 싶어서 하는 게 아니야. 단순히 누군가의 말을 따라 하는 거야. 그런데 왜 하필 수많은 말 중에 욕을 따라 할까? (침묵) 너희는 어떤 말이 잊히지 않니? 감정이 섞인 말일까, 아무 감정 없는 건조한 설명일까?"

"감정이 기억나죠! 아! 그래서 경호가 욕을 잘 기억하는 거구나."

"맞아, 그럼 경호가 욕의 의미를 알까 모를까?"

"아마도 모를 것 같아요."

"그런데 왜 할까?"

"강하게 기억에 남으니까요."

"기억에 남는다고 욕을 하면 될까 안 될까?"

"안 되지요."

"응, 그래서 선생님이 안 된다고 가르치고 있지?"

"네, 봤어요."

"그런데 경호가 어딘가에서 계속 욕을 듣고 있나 봐. 어디서 듣고 있을까?"

(침묵)

"하나 더 얘기하고 싶은 게 있어. 너희는 수업 시간에 수업 내용을 다 이해하니?"

"아니요."

"몇 프로쯤 이해할까?"

"(여기저기서) 90프로, 80프로, 65프로요!"

"경호는 몇 프로나 이해할 것 같니?"

(침묵)

"아무것도 이해할 수 없는데 45분 동안 앉아 있어야 하는 경호 마음이 어떨까?"

"힘들어요! 고문이네! 와! 진짜 힘들겠다."

"경호가 힘들면 힘들다는 말을 할 수 있을까?"

"아니요. 못 해요."

"그래, 힘들다는 말도 못 하고 더 힘들겠다, 그렇지?"

"혹시 힘들어서 욕하는 거 아니에요? 사람들이 힘들 때 욕하는 거 보고?"

"그래, 그럴 수 있겠지. 그렇다고 해서 욕하는 것이 옳다는 건 아니야. 경호가 욕하지 말라는 말을 잘 알아들을까, 아니면 예쁜 말 하는 환경이 중요할까?"

"욕을 안 하는 사회를 만드는 게 중요하죠."

"하하하, 사회까지 나왔네. 애들아, 너희는 정말 멋있어. 선생님이 하나를 알려 주면 열을 아는구나. 고마워. 앞으로 또 언제든지 너희가 불편한 게 있으면 선생님한테 알려 줘야 해. 알겠지?"

"네, 선생님."

이후로 경호의 욕이 줄어들지는 않았지만, 아이들의 불만은 점차 사라졌다. 아이들도 알고 있다. 자신들이 일상에서 욕설 섞인 말을 많이 한다는 것을. 하지만 때와 장소를 가릴 줄 모르고 욕을 하는 경호가 불편했던 것이다. 수업 시간에 욕을 하면 교사보다 먼저 나서서 안 된다고 알려 주고, 자신들이 스스로 조심하려고 노력하는 모습을 보였다. 경호 덕분에 언어 습관을 들여다보고 반성하고 조금씩 개선해 가는 아이들의 모습을 보니 흐뭇했다. 당장 문제를 해결할 수 없어도 함께 생각하고 노력하는 과정이 우리를 성장하게 했다.

함께 눕는 아이들

'진심일까?'

나는 의심에 가득 찬 마음으로 교실을 들락거리며 아이들을 살폈다. 시키지도 않았는데 특수교육 대상자인 지원이를 각별하게 챙기는 윤아의 진심이 궁금했다.

통합반을 맡으면 학기 초에 긴장을 많이 하게 된다. 3월 한 달의 학급 경영이 1년을 좌우한다는 말도 있듯, 통합반 운영도 3월이 중요하기 때문이다. 장애가 있는 학생은 새로운 환경에 더 예민해서 특별한 관심이 필요하고, 비장애 학생들은 장애가 있는 친구를 우리 반의 일원으로 인식하기까지 의미 있는 시간이 필요하다. 통합반을 처음 경험해 보는 학생들도 있기 때문에 설명이 필요할 때도 많다.

비장애 학생들도 서로 서먹서먹한 상태인데, 장애가 있는 친구에게 나서서 친절을 베푸는 학생은 극히 드물다. 보통은 지난해 같은 반이었던 학생을 임시 도우미로 지정해 돕도록 하거나 또래 도우미를 자청하는 아이가 있으면 봉사 점수를 받고 도움을 주도록 한다. 또래 도우미를 자원한 아이들도 3월엔 어색해서 장애가 있는 친구에게 도움을 줄 때 주변 친구들의 눈치를 본다. 그런데 이상하게 윤아는 내가 부탁하지도 않았는데 또래 도우미보다 더 지원이를 챙기고 있었다. 다정하게 말을 걸고 준비물도 챙겨 주고 함께 그림을 그리는 모습도 보였다. 한편으로는 고맙고 기특하기도 했지만, 다른 한편으로는 뭔가 마음이 불편했다. 보통 도우미 아이들처럼 어느 정도는 의무감에서 하는 게 아니라 주변의 시선을 전혀 의식하지 않고 자발적으로 행동했기 때문이었다.

'이런 행동이 진심으로 가능할까? 혹시 다른 이유가 있는 건 아닐까? 가령 선생님의 칭찬을 받고 싶다거나….'

나는 원래 3월에 학급에 자주 가서 학생들과 빨리 친해지려고 노력하지만, 윤아의 진심이 궁금해 좀 더 자주 교실에 가 뒤에서 지켜보곤 했다. 시간이 가며 윤아의 마음이 진심이라는 것, 동정이 아니라 순수한 호감과 함께하고 싶어 하는 마음이라는 것을 깨달았다.

윤아와 개별 상담을 할 때 슬쩍 물어봤다.

"윤아야, 지원이한테 왜 그렇게 잘해 줘?"

"그냥 좋아서요."

"아, 그래?

"저희 동생같이 귀엽기도 하고, 같이 얘기하면 재밌는

데요. 왜 그러세요?"

"혹시 부담 느끼거나 힘든 건 아니지? 네가 지원이를 너무 잘 챙기길래."

"전혀요."

의아해하는 윤아의 표정을 보며 대답을 듣다 보니 '왜'라고 질문한 나 자신이 부끄러워졌다. 몇 년간 통합 학급을 운영하며 차별 없이 아이들을 지도하려고 노력했고 자연스럽게 아이들이 어울리는 모습도 많이 봤는데, 나는 왜 색안경을 끼고 윤아를 지켜봤을까? 정작 뿌리 깊은 차별 의식과 편견에 찌든 것은 교사인 나라는 생각이 들었다. 윤아의 '그냥 좋아서'라는 말이 정답이었다. 사람이 사람에게 가지는 호감은 자연스러운 것인데, 왜 장애가 있는 학생에게는 그것이 자연스러운 일이 될 수 없다고 생각했는지, 나는 과연 가르침과 행동이 일치하는 교사인지 윤아를 통해 깊이 성찰하게 되었다.

시간이 지나며 나는 아이들의 모습에서 더 큰 감동을 받게 되었다. 적극적으로 지원이와 어울리는 윤아 덕분에 점점 많은 아이들이 지원이와 자연스럽게 소통하게 된 것이다. 이전에 통합반을 아무리 잘 운영한다고 해도 한계가 느껴지던 부분이 허물어지는 기분이었다. 아이들은 그냥 한 명의 반 친구로 지원이를 대했다. 물론 크고 작은 충돌도 있었지만, 지원이의 장애를 동정해서 무조건 도와줘야 한다고 생각하거나 이유 없이 싫어하지 않았다.

　아이들을 지켜보며 그림책 『위를 봐요』(정진호 지음, 현암주니어, 2014)가 생각이 났다. 교통사고로 다리를 잃어 항상 혼자서 멀리 떨어져 세상을 내려다볼 수밖에 없었던 수지는 우연히 위를 올려다본 한 아이를 만나게 된다. 수지가 다리를 다쳐 내려갈 수 없다고 하자 아이는 길에 눕는다. 난데없이 길에 누워 있는 아이를 보고 처음엔 "너 왜 길거리에 누워 있니?"라는 물음을 던졌던 사람들이 하나둘 함께 눕는다. 점차 많은 사람들이 따라 눕게 되자 온통 단조롭고 흑백이었던 세상이 다채로운 생기가 흐른다. 엉뚱하고 황당하게만 보였던 행동이 누군가의 삶과 세상을 바꿀 수도 있다는 이야기가 단지 그림책에만 있는 허구가 아니었다.

　순수한 마음으로 위를 올려다보고 주위를 의식하지 않고 길에 누운 그림책 속 아이가 우리 반 윤아였다. 그런데 여기서 주인공은 윤아나 장애가 있는 지원이만이 아니다. '왜?'라는 질문만 하고 그냥 지나칠 수도 있는데 함께 누워 준 다른 친구들 모두가 주인공이다. 어쩌면 따라 눕는 데 처음에는 큰 용기가 필요했는지도 모른다. 우리 반 아이들도 마찬가지다. 익숙하지 않은 것을 받아들이는 데는 누구나 용기가 필요하니까. 점차 많은 아이들이 함께 누워 빚어내는 하모니를 보며 이것이 바로 더불어 살아가는 사회라는 생각이 들었다.

몇 년간 통합반을 자진해서 담임하거나 수업을 하며 교사로서의 나의 역할에 초점을 두고 고민할 때가 많았다. 하지만 내가 무언가를 애써서 공들여 하지 않아도 아이들이 스스로 함께하는 법을 배워 가는 모습을 생각보다 자주 만나게 되었다. 학생들이 오히려 나에게 뭉클한 깨달음을 줄 때도 많았다.

있는 그대로의 모습을 인정하고 함께하려는 마음가짐만 있다면, 통합 교육은 다양한 모습을 수용하는 사회로 가는 길에서 맛볼 수 있는 짙은 깨달음과 감동을 선물해 줄 것이다. 더는 '진심일까?' 의심하지 않는 사회, '왜?'라고 묻더라도 함께 누울 수 있는 사람이 점점 많아지는 사회를, 통합 교육을 받은 우리 아이들이 만들어 가리라 믿는다. 기꺼이 함께 눕는 아이들의 모습에서 가슴 벅찬 희망을 본다.

장애를 당당하게 말하는 아이

사회 선생님이 조심스럽게 다가와 물었다.

"저, 질문이 있는데 이런 경우엔 어떻게 해야 할까요?"

"뭔데요, 선생님? 말씀해 보세요."

"요즘 사회 시간에 인권을 배우고 있어요. 특수교육 대상 학생인 현규네 반에서 수업을 하는데, 현규가 갑자기 큰 소리로 그러는 거예요. '선생님! 저는 발달장애인인데요! 저도 직업을 가질 수 있는 거죠? 저 장애인 복지관에서 열심히 배우고 있어요!'"

나는 미소가 지어졌다.

"현규가 참 건강한 아이네요. 자신이 장애가 있다는 사실을 부끄러워하지 않고, 당당하게 말하는 건 좋은 태도예요. 그런 순간이 오면 당황하지 마시고, 현규를 칭찬해 주세요. 그리고 다른 아이들에게도 이야기해 주세요. 자신이 가진 장점이든 약점이든 솔직하게 드러내는 용기가 세상을 바꾼다고요."

사회 선생님이 고개를 끄덕이며 말했다.

"아, 그렇죠? 저도 그렇게 해야 할 것 같긴 했는데, 순간적으로 당황했어요. 그런데 선생님 말씀을 듣고 보니 정말 그렇네요. 감사합니다."

현규의 밝고 명랑한 모습이 떠올랐다. 직접 가르쳐 본 적은 없지만, 특수반에 자주 가는 덕분에 익숙한 아이였다. 갈 때마다 씩씩하게 인사하는 모습이 참 예뻤다. 부모님이 어쩜 저렇게 아이를 당당하고 밝게 키우셨을까 싶었다.

장애는 부끄러운 것이 아니다. 숨길 수도 없고, 숨겨서도 안 된다. 우리 아이들도 장애를 자신의 특성으로 받아들이고, 현규처럼 건강한 정체성을 가질 수 있으면 좋겠다.

사회 선생님처럼 평소 따뜻하고 바른 사고를 가진 교사라도 장애에 익숙하지 않다면 순간적으로 당황할 수 있다. 중요한 건 그 당황스러움을 부끄러워하지 않고 솔직히 나누고 배우는 기회로 삼는 것이다. 현규의 당당함 덕분에 선생님과 반 친구들이 생각하고 배울 수 있는 길이 이어졌다.

자신의 장애를 숨겨 달라고 요청한 학생들을 몇 명 만난 적이 있다. 교사가 말하지 않아도, 함께 생활하는 아이들은 이미 알고 있다. 숨기려 할수록 움츠러들고, 점점 더 어두워지며 불행해진다. 그런 모습을 지켜보는 것은 교사로서 참으로 안타까운 일이다. 쉽게 설득할 수도 없다. 장애에 대한 인식은 부모의 영향을 가장 많이 받는다. 부모가 장애를 부끄러워하고 이를 숨기려 한다면, 아이도 자연스럽게 같은 태도를 갖게 된다. 사회 전반에 깔린 편견과 시선을 그대로 받아들인 부모를 설득하는 것은 쉽지 않다.

모든 아이들이 현규처럼 건강한 정체성을 가질 수 있다면 얼마나 좋을까? 자신을 있는 그대로 받아들이고, 부끄러움이 아닌 당당함으로 세상을 마주할 수 있다면 얼마나 행복할까? 그 길에 부모와 교사의 역할이 무엇보다 중요하다.

부모가 먼저 아이를 있는 그대로 사랑해야 한다. 장애를 숨기려 하기보다 인정하고 존중해야 한다. 그래야 아이도 스스로를 받아들일 수 있다. 교사도 마찬가지다. 장애를 불편하거나 특별한 것으로 여기기보다, 그냥 다른 특성을 가진 한 아이로 자연스럽게 받아들이는 태도가 필요하다. 이렇게 어른들이 조금씩 더 노력하고 바뀌어 간다면, 더 많은 아이들이 자신을 숨기지 않고 당당히 살아갈 수 있지 않을까.

그건 정말 당연한 걸까?

"선생님 사이코패스예요?"

"뭐라고? 갑자기 무슨 소리야?"

"선생님 아이들이 둘 다 장애가 있다면서요. 그런데 왜 얼굴 표정이 매일 그렇게 밝아요?"

"아, 그게 이상해 보였어? 그럼 내 표정이 어때야 안 이상한 거야?"

"장애인의 부모는 어둡고 우울해야죠."

"아이들이 장애가 있다는 사실은 나에게 슬픈 일이 아니니까. 장애는 그냥 하나의 특성일 뿐인데 왜 우울해야 돼? 난 우리 아이들 생각만 해도 웃음이 나는데?"

"네? 장애인이면 당연히 슬픈 거 아니에요?"

"왜 그렇게 생각해?"

"'왜'가 아니라 당연한 거 아니에요?"

"그건 당연한 게 아니야. 우리 사회가 비장애인 중심이라 불편한 환경이 있을 뿐 장애 자체는 너무나 자연스러운 인간의 한 모습일 뿐이야. 우리가 모두 다양한 특성을 가지고 있듯, 장애도 한 인간이 가진 특성일 뿐이야. 그러니 내 아이의 특성을 슬퍼할 필요는 없는 거지."

"그래도 웃는 건 좀 아니지 않나요?"

"왜? 난 우리 아이들 장애도 귀엽고 사랑스러운데. 그래서 웃음이 나와. 너희가 공부를 잘 못하고 엉뚱한 대답을 해도 선생님은 귀엽다고 웃잖아. 그거랑 비슷해."

"선생님은 뭔가 좀 이상한 사람 같아요. 공부 못하면 화내고 야단치는 게 정상이지, 귀여운 게 정상은 아니죠."

"공부 못한다고 화낼 이유가 뭐야? 사람마다 배우는 속도가 다 다른 법이야. 공부를 잘하는 머리를 타고난 사람도 있고, 그렇지 않은 사람도 당연히 있는 법이야. 모두가 공부를 잘할 수는 없지. 단, 자신이 할 수 있는 한 최선을 다하는 태도는 중요하다고 봐."

학생들 중에는 내 이름을 검색해 내가 나온 뉴스나 기사를 찾아보거나, 내가 쓴 책을 읽으며 관심을 보이는 아이들이 있다. 어느 날 한 학생이 아이들의 장애에 대해 물어보았고, 나는 자연스럽게 이야기했다. 그런데 뜻밖에도 돌아온 반응이 "선생님, 사이코패스예요?"였던 것이다. 순간 당황했다. 아이들은 역시 표현이 거침없다.

학생들과의 대화를 돌아보며 잠시 나 자신을 들여다보았다. 정말 내가 슬프지 않은가? 사실은 아프고 힘든 일이

비일비재하다. 하지만 그건 우리 아이들의 장애 때문이 아니다. 대부분 다름을 받아들이지 못하는 학교와 사회 때문이다. 학생들이 장애를 슬픔과 연결 짓는다는 건, 장애가 여전히 비극으로 여겨지는 사회의 단면을 보여 준다.

나는 이제 우리 아이들과의 삶이 슬프지 않다. 학생들에게 답했듯, 아이들의 장애 특성까지도 귀엽고, 있는 그대로 사랑스럽다.

문득 수없이 받았던 질문이 떠오른다.

"아이들이 장애인인데 어떻게 그렇게 밝아요?"

"애가 너무 예쁘게 생겼어요. 인물이 아까워 어떡해요?"

질문을 들을 때마다 나는 웃었다. 하지만 같은 말을 반복해서 듣다 보니 점점 삐딱해졌다.

"그럼 매일 울고 다녀요?"

"장애인이면 불행해야 되는 건가요?"

"못생기면 얼굴이 안 아까워서 차라리 좋은 거예요?"

장애인과 그 가족에게 불행한 이미지를 씌우지 않았으면 좋겠다. 물론 말하는 사람에게는 깊은 의도가 없는 가벼운 한마디일 수 있다. 이런 말은 결국 비장애인 중심의 사회가 길러 낸 의식의 반영일 뿐이다. 이제는 우리 사회도 달라질 때가 되지 않았을까? 무심코 던진 말과 행동이 장애인 가족에게 죄책감을 심어 주고, 그들을 더욱 사회로부터 분리한다. 결국 차별과 배제가 재생산된다.

비장애인에게 실례가 되는 말은 장애인에게도 마찬가지다. 누군가에게 "공부를 못해서 얼굴이 아깝다." 또는 "애가 뚱뚱한데 엄마가 왜 그렇게 밝아?"라고 말한다면? 이건 명백한 모욕이고 희롱이다. 이런 말은 속으로는 떠올릴 수 있을지 몰라도, 입 밖으로 내뱉으면 조롱이다. 장애가 있다고 해서 그런 말들을 그냥 웃어넘겨야 할 이유는 없다.

"아이들이 정말 예쁘게 생겼어요!"

"수현 씨는 참 밝아서 좋아요!"

이렇게 말하면 다 같이 기분 좋은 대화가 되지 않을까?

아이들에 대한 이야기를 하며 웃는 내 모습이 자연스럽게 받아들여졌으면 좋겠다. 학생들의 표현처럼 이상하거나 무언가를 극복한 대단한 사람이 아니라, 그저 아이들을 사랑하는 엄마의 당연한 모습으로 보였으면 한다.

그렇게 아이들과 함께 좀 더 편안하고 자연스러운 삶을 살고 싶다. 내가 만나는 학생들이 그런 사회와 문화를 만들어 주기를 바라는 마음으로, 나는 오늘도 웃으며 교단에 선다.

나쁜 소식 전하기

"아이에게 문제가 있어요. 치료받는 게 좋을 것 같아요."
이 짧은 문장이 한 가정을 얼마나 깊은 절망에 빠뜨릴 수 있는지, 그 말을 전하는 사람은 잘 알지 못한다. 이후로 부모는 제대로 자지도, 먹지도 못하는 날들을 보낼 것이다. 실낱같은 희망에 기대어, 겨우겨우 하루를 버티며 살아가게 될 것이다.

나도 아이를 낳기 전에는 알지 못했다. 아이의 작은 상처 하나가 내게 이토록 크게 다가올지. 누가 내 아이에게 눈만 흘겨도 가슴을 칼로 도려내는 듯한 아픔이 느껴진다는 걸. 아이의 아픔을 내가 대신할 수 없어 속이 시커멓게 타들어 갈 수도 있다는 걸. 내 몸으로 낳은 내 아이에게 내가 해 줄 수 있는 것이 아무것도 없다는 현실을 직면해야 하는 그 숨 막히는 막막함을. 아이를 낳기 전에는 내가 가진 모든 상상력을 동원해도 가늠할 수 없었다.

복직 후 몇 번 나는 어쩔 수 없이 학부모에게 '나쁜 소식'

을 전해야 했다. 부모의 심정이 어떨지 누구보다 잘 알기에 괴로웠지만, 학생을 위해 해야만 했다.

나는 내가 제공할 수 있는 최대한의 정보를 모았다. 단순히 "상담을 받아 보세요." 또는 "치료를 받으세요."라고 하지 않고 어떤 검사를 받을 수 있는지, 어떤 치료가 가능한지, 4, 5년 후에 어떤 이점이 있는지, 비슷한 사례가 얼마나 있는지까지 가능한 모든 정보를 전달하려 노력했다. 또한 내가 담임교사로서 어떤 노력을 해 왔는지, 앞으로 어떻게 도울 계획인지 다짐과 함께 설명했다. 그동안 했던 노력은 데이터로 정리해 보여 주었다. 그래야 학부모가 신뢰할 수 있을 테니까.

단순히 아이의 상태를 알리고 치료를 권유하는 것만으로는 학생을 돕기 어렵다. 부모가 받는 심리적 충격이 크면, 오히려 아이의 상태를 부정하거나, 치료는커녕 아이를 다그치고 상태가 나빠지게 할 수도 있다. 교사를 공격하는 부정적인 반응을 보이는 부모도 많다. 원하지 않는 자식의 모습을 인정하고 받아들이는 일은 엄청난 내적 에너지를 요구하기 때문이다. 학생을 도우려면, 먼저 부모를 도와야 한다. 부모가 아이를 양육하는 과정에서 '혼자'라고 느끼지 않도록, 교사도 함께 돕고 있다는 신뢰감을 가질 수 있도록 해야 한다. 언젠가 명지병원 정신과 전문의 김현수 선생님의 강의에서 'Breaking Bad News'에 대해 배운 적이 있다. 암 환자가 진단을 받는 그 순간 의사의 태도와 말투에 따라 예후가 달라질 수도 있다는 내용이었다. 그 이야기를 듣는 순간, 나의 경험이 떠오르며 깊이 공감했다.

때로는 전화 한 통으로 아이의 상태를 너무 쉽게 전달하는 교사들을 보면, 나의 경험이 떠올라 몸서리치게 괴롭다. 물론, 나는 교사의 입장도 잘 안다. 학생 한 명이 교실을 흔들어 놓을 때, 그 한 명을 감당하는 일이 얼마나 버거울 수 있는지도 잘 알고 있다. 하지만 신뢰 관계를 형성하고, 긍정적인 방향으로 이끌 기회가 충분히 있음에도 그저 '전달 방식' 하나 때문에 학부모와의 관계가 어긋나고, 불필요한 감정 소모만 남는 모습을 너무 많이 봐 왔다. 아이를 키우는 부모의 마음은 한없이 약하다. 그 마음을 먼저 공감하고, '함께하겠다'는 뜻만 전달돼도 충분하다. 교사도 너무 지쳐서, 여유가 없어서, 결국 서로에게 상처만 남긴다.

우리는 서로의 마음을 읽는 법을 얼마나 모르는 걸까. 어디서, 어떻게 배워야 하는 걸까. 교육이란, 단순히 정보를 전달하는 과정이 아니라 공동체가 '함께 배우고, 함께 성장하는 과정'이어야 하는데. 이제는 교사도, 부모도, 아이도 모두 더 나은 소통과 공감을 배우는 교육이 필요하다. 누군가의 말 한마디가, 한 가정의 운명을 바꿔 놓기도 한다는 걸 안다면, 우리는 조금 더 신중하게, 조금 더 따뜻하게, 서로를 대할 수 있지 않을까.

선생님, 사실 힘들어요

"학교생활에 잘 적응하고 있니? 힘들진 않아?"
"네."
"혹시 선생님 말이 너무 빠르거나 이해하기 어려운 부분이 있니?"
"아니요."
"수업 내용은 잘 이해돼?"
"네."
"친구들이랑 지내는 건 어때?"
"괜찮아요."

처음 상담을 진행한 날, 상준이는 모든 것이 괜찮다고 말했다. 하지만 내가 본 상준이의 모습은 전혀 그렇지 않았다.

중학교 1학년에게 3월은 새로운 환경에 적응하는 가장 어려운 시기다. 긴장한 아이들 무리 속에서도 상준이는 유독 위축된 모습이었다. 몸이 잔뜩 경직된 채 얼굴빛은 늘 어두웠고, 수업 중 단체 활동에서는 안절부절못하며 불안해했다. 준비물을 여러 번 안내해도 자주 빠뜨렸고, 내가 수업 중 옆을 지나가기만 해도 활동지를 손으로 가리려 했다. 자신의 부족함을 들키고 싶지 않은 듯했다. 과제를 내줄 때도 마찬가지였다. 다른 학생들이 수행한 것의 10분의 1도 못 한 채 과제를 제출하는 일이 점점 잦아졌다. 시간이 흐를수록 나는 고민이 깊어졌다. 이대로 둬도 괜찮을까?

상준이의 학습 수준을 정확히 파악해야겠다고 생각했다. 방과 후에 남겨 짧은 글을 읽게 한 뒤 질문을 던졌지만, 돌아온 대답은 전혀 엉뚱한 내용이었다. 혹시나 하는 마음에 국가기초학력지원센터에서 초등학교 3학년 수준의 국어 시험지를 출력해 풀게 했다. 상준이는 집중해서 문제를 푸는 듯 보였지만, 결과는 예상보다 심각했다. 25문제 중 10문제를 틀렸고, 맞힌 문제들조차 제대로 이해하지 못했다. 전반적인 사회적 맥락 이해력과 어휘력이 크게 부족했으며, 기초학력 결손이 심각한 상태였다. 며칠을 고민하다, 부모님께 전화를 걸었다. 수화기 너머로 들려오는 상준이 아버지의 목소리는 예민하고 방어적이었다. 아무래도 직접 만나야 내 진심이 제대로 전달될 것 같았다.

상준이 아버지는 다음 날, 경계심 가득한 얼굴로 학교를 찾았다. 나는 상준이의 학교생활에 대해 신중하게 이야기했다. 상준이가 푼 시험지와 수업 활동지를 보여 주며 상준이의 현재 학습 수준과 어려움을 설명했다. 예상치 못한 상황에 당황한 듯, 아버지는 한동안 말을 잇지 못했다.

"상준이가 학교에서 잘 지낸다고 해서 그런 줄만 알았어요. 수업도 다 잘 따라간다고 하더라고요."

"상준이가 말을 못 해서 그렇지, 아마 무척 힘들 거예요. 이제 막 중학교에 입학했으니 이 시기가 중요하잖아요. 상준이는 개별적인 지원이 꼭 필요해 보입니다."

조심스럽게, 병원에서 검사를 받아 볼 것을 제안했다. 아버지는 이미 검사를 받았다고 했다. 알고 보니, 상준이는 초등학교 1학년 때 난독증 진단을 받았고, 한쪽 청력이 좋지 않아 꾸준히 검진을 받아 왔다. 집중력이 낮아 ADHD 약을 소량 복용 중이었다. 다음 날, 아버지가 보내 준 검사 결과를 확인했다. 상준이의 지능지수는 경계선 지능에 해당하는 수치였다. 어느새 학교와 교사에 대한 경계심을 누그러뜨린 아버지는 가정에서의 상준이 상황을 상세히 이야기해 주었고, 나는 부모님과 협력해 상준이를 지도하기 시작했다.

교육과정평가원에서 개발한 〈너나들 마음알기〉 프로그램을 상준이와 주 1, 2회 진행했다. 또래 학생들이 등장하는 영상을 보며 사회적 상황을 이해하는 연습을 했다. 활동지를 중심으로 대화를 나누고, 역할극을 통해 감정을 표현하는 연습도 했다. 대화는 쉽지 않았다. 상준이가 이해하지 못하는 단어를 설명하느라 진이 빠지는 날도 많았다. 발음 교정을 하느라 한참 시간을 보내기도 했다. 하지만 만남을 거듭하며 신뢰가 쌓였고, 점차 상준이와 다양한 대화가 가능해졌다. 그럼에도 불구하고, 내게 넘지 못할 산처럼 느껴지는 한계가 있었다.

"네가 만약 이 사람이라면 기분이 어떨 것 같아?"

"저는 이 사람이 아니잖아요."

상준이는 '다른 사람의 입장을 이해하는 것'을 전혀 하지 못했다. 아무리 설명해도 상준에게는 너무 어려운 과제처럼 보였다.

문제가 생길 때마다 비슷한 상황의 대화를 찾아 역할극을 했다. 때로는 직접 스크립트를 만들어 함께 연습하기도 했다. 서로 역할을 바꿔 가며 연기해 보고, 연기력을 평가하며 함께 웃기도 했다.

"상준아, 네가 만약 그 친구라면 어떻게 말할 거야?"

"그냥 선생님한테 바로 이르면 되는데요?"

"이르기 전에, 친구를 먼저 설득해 봐."

"아… 그냥 이르면 되는데… 그렇지만 연기니까 다시 해 볼게요."

천천히, 하지만 확실하게 상준이는 다른 사람의 입장을 이해하는 법을 배워 가고 있었다.

학기 말, 상준이와의 마지막 만남에서 사후 평가를 진행했다.

"저 그런 거 잘해요. 그 정도는 저도 잘하죠."

상준이는 모든 문항에서 자신감을 보였다. 질문의 의미를 제대로 이해하고 답한 것인지는 확신할 수 없었다. 하지만 상준이의 마음속 변화만큼은 확실했다. 위축되어 있던 아이, 자신을 감추기에 급급했던 아이에게 이토록 밝은 모습이 숨어 있을 줄 몰랐다.

"상준아, 학교생활은 어때? 힘들진 않아?"

"힘들어요."

"어떤 점이 힘들어? 선생님한테 이야기해 줄 수 있어?"

"친구들이 욕을 많이 하는 것도 힘들고, 수업 시간에 선생님들이 자꾸 질문하는 것도 힘들어요."

"그래, 선생님한테 이야기해 줘서 고마워."

3월에는 모든 것이 괜찮다던 아이가, 이제는 자신의 어려움을 말할 수 있게 되었다. 그 모습을 보며, 나는 안심할 수 있었다. 상준이에게 든든한 사회적·정서적 후원자가 되고 싶었던 나의 바람이, 조금은 이루어진 것 같았다.

모두 다 꽃이야

 우리 반 피구 시합이 있는 날이었다. 학부모 상담이 이어져 점심도 못 먹고 부랴부랴 운동장으로 나갔다. 아이들을 응원하며 휴대폰을 들고 분주히 오가다 몇 번이나 울컥했는지 모른다. 공을 과감히 잡아 상대팀을 공격하는 모습, 재빨리 공을 피해 달아나는 날렵한 움직임, 승부욕에 불타 볼을 잡으려 안간힘을 쓰는 아이들. 그 모습 속엔 교실에서 한 번도 볼 수 없었던 생기가 가득했다. 처음 보는 밝고 활기찬 표정도 여럿 눈에 띄었다.

 특히 서준이의 모습에 나는 입이 떡 벌어졌다. 실제로 입이 벌어진 채 다물어지지 않았다. 가슴이 뜨거워지더니 끝내 눈물이 흘러내리고 말았다. 마음이 비단결처럼 곱고 순수하지만 학업 성적이 부진해 늘 고개를 숙이던 아이. 수업 내용을 이해하지 못해도 선생님에 대한 존중으로 땀을 삐질삐질 흘리며 최선을 다하던 아이. 3학년이 되면서 더욱 축 처진 어깨가 안쓰럽기만 하던 아이였다. 그런데 그런 서준이가 피구 경기장 위에서는 전혀 다른 사람이 되어 있었다. 수줍게 웃으며 늘 고개를 숙이고 눈치를 보던 얼굴 하얀 아이에게 이렇게 강렬한 에너지가 숨어 있을 줄 누가 알았을까.

나는 서준이 모습을 카메라에 담으며 마음으로 외쳤다.

'그래! 서준아! 그렇게 살아! 지금처럼 당당하고 씩씩하게! 정말 멋지다. 우리 서준이!'

서준이뿐만 아니라 많은 아이들이 교실에서 보던 모습과 너무나 달랐다. 한편으론 마음이 한결 가벼워졌다.

'내가 교실에서 보는 게 다가 아니구나.'

교무실로 돌아오면서 나는 전쟁터에 피어난 꽃을 상상했다. 학교는 때때로 전쟁터와 같다. 하지만 그 속에서도 꽃은 아름답게 피어난다. 생명이란 이토록 조용하지만 강인하다.

수많은 상처와 아픔, 절망 속에서 고개 숙인 아이들을 보며, 교사의 입장에서 지나치게 감정 이입을 하지 않으려 선을 그어 왔었다. 그런데 피구 경기를 보며 그 선을 넘어 엄마의 마음으로 눈물을 흘리고 말았다. 찍은 사진을 보고 또 보며 흐뭇하게 웃었다.

사랑스러운 아이들아. 네 잘못이 아니야. 당당히 어깨 펴고 살아. 너희는 모두 다 꽃이야. 사랑한다.

너의 내일을 응원해

"아침은 먹었니?"

"아니요."

"너 급식도 안 먹잖아?"

"배 안 고파요."

"그럼 하루에 한 끼 먹니?"

"먹을 때도 있고, 안 먹을 때도 있어요."

"어젠 먹었어?"

"아뇨. 몬스터 한 캔만 마셨어요."

"혹시 다이어트하니?"

"꼭 그런 건 아니지만, 그런 이유도 있어요."

"채민아, 너 너무 말랐어. 예쁜 얼굴 다 상한다. 키도 더 커야 하고. 선생님은 네가 급식이라도 먹었으면 좋겠어."

"키는 다 컸어요. 그리고… 살찌는 게 싫어요. 제가 자존감이 낮아서…."

"급식 먹는다고 살찌지 않아. 오히려 굶으면 조금만 먹어도 살찌는 체질로 몸이 변하게 돼. 평생 그렇게 안 먹고 살 거야?"

"작년에 남자 친구가 있었는데, 그 애가 저랑 헤어지고 바로 딴 여자를 만났어요. 근데 그 여자애는 날씬하고 얼굴도 아이돌 같아요."

채민이는 갑자기 작년에 사귄 남자 친구와 연애한 얘기를 술술 풀어냈다. 10대니까 외모에 예민한 것은 당연한 일이겠지만, 다이어트에 대한 집착이 너무 심했다. 건강이 염려될 정도였다.

"살을 더 빼면 그 남자 친구가 다시 사귄다고 했어?"
"아니요. 저도 이제 걔 안 좋아해요."
"그런데 왜 그 남자의 외모 취향에 널 맞추려고 하니?"
"제가 자존감이 너무 낮아서 자존감을 높이고 싶어요."
"살을 빼면 자존감이 높아질까?"
"살도 빼고 쌍꺼풀 수술도 하고 그러면 자존감이 높아지지 않을까요?"
"왜 그렇게 생각해?"
"예뻐지면 당연히 자존감이 높아지는 거 아니에요? 예뻐지면 애들이 저를 더 좋아하고, 그러면 자신감이 생기고 그럴 것 같아요."

"그래, 그렇게 생각할 수 있겠다. 대부분의 아이들이 그렇게 생각하는 것 같아. 그런데 선생님 생각은 좀 달라. 난 친구가 예뻐졌다고 더 좋아지고 그러지는 않았거든. 너는 예쁜 친구가 제일 좋아?"

"아니요."

"그럼 어떤 친구가 좋아?"

"그냥 친하고… 잘해 주고… 재밌고… 같이 있으면 좋고… 그런 친구요."

"그게 바로 매력이라는 거야. 사람은 그 사람만이 가진 매력이 있어. 선생님이 보기엔 채민이는 충분한 매력이 있어. 그런데 지금은 채민이 말처럼 자존감도 낮고, 무엇보다 잘 먹지 않아 힘이 너무 없는 상태야. 일단 자존감에 대해 한번 생각해 보자. 자존감이라는 것은 다른 사람들의 평가에 의해 높아지는 게 아니야. 타인의 기준이나 평가는 변덕스럽거든. 자존감은 네가 너 자신을 높게 평가할 때 높아지는 거야. 너는 너 자신을 어떻게 평가하니?"

"모르겠어요. 그냥 모든 일에 별로 자신이 없어요."

"그래, 그럼 아주 기초적인 단계부터 시작하자. 네가 아주 작은 목표를 하나만 세워 봐. 살 빼는 것 말고, 예를 들면 중간고사에서 수학 점수를 10점만 높여 본다. 2주 동안 책 한 권을 읽어서 독서 도장을 받아 본다. 영어 시간에 단어 시험을 몇 점 맞아 본다. 이런 거. 아무거나 좋아. 작은 거 하나만 생각해 보고 한번 집중해 보는 거야. 그리고 진짜 그 작은 목표를 이루어 보는 거야. 거창한 목표 말고 진짜 이룰 수 있는 거 하나만. 목표를 이루고 나면 기분이 좋을 거야. 그때 기분 좋음이 바로 너 자신이 좋아지는 첫걸음이야. 그런 성취감이 하나둘 쌓이면 너 자신이 마음에 들게 되는 거지. 그러면서 자존감이 높아지는 거야. 자존감이 높은 사람이 되면 채민이가 원래 가지고 있던 매력이 더 빛이 날 거야."

"아, 선생님. 저 뭔 줄 알 것 같아요. 제가 2학년 첫 시험 때 목표를 세워서 한번 도전해 본 적이 있어요. 그때 정말 기분이 좋고 막 자랑스럽고 그랬거든요. 그때 느꼈던 그런 기분 아닐까요?"

"아, 느껴 봤구나! 그렇지! 그런 거야. 그런데 왜 공부에 손을 놓게 된 거야?"

"남자 친구 사귀면서요. 남자 친구가 외모 비평을 많이 했어요. 옷 입는 것도 다 간섭하고. 거기에 맞추다 보니까 그렇게 됐어요."

"그랬구나. 그때 기분이 어땠어?"

"답답하고 힘들었어요. 그런데 남자 친구가 너무 좋고, 가슴 뛰고, 막 그래서 그랬어요."

"그래. 나는 채민이가 한번 해 봤으면 좋겠어. 밥도 다시 먹고, 공부도 다시 시작했으면 좋겠는데. 할 수 있을까?"

"네, 한번 해 볼게요. 그런데 밥 먹는 건 천천히 할게요."

"그래, 그럼 하루 한 끼부터 시작하자. 한 끼라도 제대로 먹는 걸로."

그렇게 채민이는 아침을 먹기 시작했다. 어머니에게도 말씀을 드렸다. 아침을 먹은 지 일주일이 채 안 되어서 채민이 얼굴에 생기가 돌았다.

하루는 쉬는 시간에 나에게 다가와 웃으며 말했다.

"선생님, 저 어제 공부도 했고, 오늘은 아침도 먹었어요. 그리고… 저 목표가 생겼어요. 저 ○○고등학교 갈 거예요. 저 잘했죠?"

채민이의 웃음에서 나는 아이들이 자신을 있는 그대로 받아들이고 사랑할 때 얼마나 아름답고 강해질 수 있는지를 다시 한번 깨달았다. 채민이가 스스로를 더욱 사랑하며 밝게 빛날 날들을 응원한다.

녹음기 이전에 해야 할 고민

한 중학교에서 교직원 연수를 마치고 나오는 길이었다. 한 교사가 나를 허겁지겁 따라와 조심스럽게 물었다.

"선생님, 질문 하나 드려도 될까요? 강의 중엔 혹시 불편하실까 봐 못 여쭸어요. 그런데 너무 궁금해서요."

"네, 무슨 질문이신데요? 편하게 말씀하세요."

"선생님은 교사이면서 특수 아동의 어머니잖아요. 혹시 최근 웹툰 작가 사건(한 웹툰 작가의 발달장애 아들과 담당 특수 교사 간의 '정서적 학대' 주장을 둘러싼 법적 공방)에 대해서는 어떻게 생각하시는지요?"

나는 고개를 끄덕였다. 그 사건은 나에게도 큰 충격이었다. 평소에 생각을 정리해 두었기에 답변하기가 어렵지는 않았다.

"어차피 정답이 없는 일이잖아요. 제 생각을 솔직하게 말씀드릴게요.

첫째, 무엇보다도 학교와 교육청의 대응이 아쉽습니다.

처음 부모가 녹음 파일을 들고 왔을 때, 교장은 왜 듣기를 거부했을까요? 갈등을 조정할 기회를 왜 만들지 못했을까요? 교육청에는 학부모의 고충을 들어줄 창구가 없었던 걸까요? 단 한 사람만이라도 부모에게 공감하고 함께 해결책을 고민해 주었다면, 녹음기나 소송 같은 극단적인 선택까지는 가지 않았을 거예요.

둘째, 특수교사가 극심한 스트레스에 시달리도록 방치했다는 점도 간과할 수 없어요. 해당 학생은 원래 완전 통합 학생이었는데, 갑작스럽게 특수학급에 종일 배치됐다고 합니다. 특수교사는 다른 아이들의 수업도 맡고 있었을 텐데, 시간표에도 없는 학생을 종일 맡는 건 분명 큰 부담이었을 겁니다. 특수교사 시수나 특수학급 정원이 고려되지 않은 상황에서 감당하기 어려웠을 거예요. 특수학급을 단지 '분리의 공간'으로 사용하는 학교의 태도에 의문이 듭니다. 왜 특수교사 개인에게만 문제를 떠넘기고, 또 다른 약자를 희생시키는 방식으로만 문제를 해결하려 하는지 모르겠습니다.

셋째, 아무리 교사가 힘든 상황이었더라도 아이에게 "너 싫어", "싫어 죽겠어." 같은 말을 하는 건 폭언입니다. 저는 직접 녹음을 듣지 않았지만, 감정이 실린 말투는 분명 학생에게 위협적으로 들렸을 거예요. 발달장애 아동은 말투와 표정에 더 민감하거든요. 싫다는 말을 쏟아 내는 교사의 표정이 부드러웠을 리 없겠죠. 아이는 상상 이상으로 공포를 느꼈을 가능성이 높습니다. 힘든 상황을 이해하더라도, 아동에게 상처를 주는 말과 행동이 정당화될 수는 없습니다.

넷째, 만약 녹음기 사건이 없었다면 어떻게 되었을까 하는 생각도 들어요. 과연 학교는 학생을 통합반으로 다시 보냈을까요? 통합반에서의 적응을 위해 어떤 추가적인 '지원'을 고민했을까요?

다섯째, 개인적으로 가장 충격받았던 건 '녹음기'였습니다. 저 역시 중증 장애 자녀를 키우며 학대를 의심한 적이 있었지만, 한 번도 녹음기를 넣을 생각은 못 했습니다. 설령 했다 하더라도, 그 사실을 부끄러워했을 거예요. 저는 아무리 상대가 잘못했더라도 인간으로서 지켜야 할 최소한의 존중은 있다고 생각합니다. 교사에게 녹음기는 일종의 '폭력'입니다. 지금 학부모들 사이에서 녹음기가 유행처럼 번지는 현상에 대해 사회 전체가 함께 고민해 봐야 합니다.

저는 판사가 아니기 때문에 누가 옳고 그른지를 판단할 자격은 없습니다. 다만 제 생각엔, 관련된 모든 사람이 자기 입장만을 고수한 결과가 이토록 큰 상처를 남겼다고 느껴요. 앞으로는 누가 더 잘못했는지를 따지기보다는, 어떻게 하면 무너진 신뢰를 회복할 수 있을지, 학교의 불합리한 구조를 어떻게 바꿔 나갈 수 있을지를 고민해야 합니다.

무엇보다 그 아이가 통합반에서 지원 인력의 적절한 도움을 받았더라면 이런 일은 없었을지도 몰라요. 우리는 '분리'가 아니라 '지원'을 고민해야 합니다. 지원 인력조차 부족한 현재의 통합 교육 시스템 속에서 많은 학생들과 교사들, 학부모들이 고통받고 있습니다. 이 사건이 그런 현실을 드러낸 거울이 되기를, 그리고 앞으로 통합 교육 환경을 개선하는 계기가 되기를 진심으로 바랍니다.

물론 제 개인적인 생각일 뿐이에요. 동의하지 않는 분이 계셔도, 저는 충분히 이해합니다."

내 말을 귀 기울여 듣던 교사는 고개를 끄덕이며 말했다.

"제가 미처 생각하지 못한 부분까지 알려 주셔서 고맙습니다. 이제 어느 한쪽으로 치우치지 않고 두루 조망할 수 있을 것 같아요."

나는 미소로 화답하며 자리를 떠났다. 집으로 돌아오는 길, 문득 생각에 잠겼다.

'내가 발달장애 자녀를 둔 부모가 아니었다면, 교사가 아니었다면, 과연 같은 대답을 했을까?'

사람은 누구나 자신이 선 자리에서 자신만의 렌즈로 세상을 본다. 입장과 처지가 달라지면, 같은 장면도 다르게 해석될 수 있다. 내가 교사나 부모가 아니었다면, 아마도 지금과는 또 다른 답을 했을지도 모르겠다.

마이크를 잡은 엄마

"저는 발달장애인의 엄마이자 교사입니다."

이렇게 강의를 시작하면, 휴대폰을 들여다보던 청중도 고개를 든다. 아무 기대 없이, 그저 의무 연수니까 억지로 앉아 있던 교사들도 나를 본다. 그들의 눈에 스치는 놀람을 보며 나는 웃으며 말하곤 한다.

"놀라셨나요? 혹시, 장애인의 엄마처럼 안 보이나요?"

아이 둘 모두 장애가 있다는 이야기는 강의 초반에 꺼낼 때도 있고, 강의에 몰입하다 보면 나도 모르게 빠뜨릴 때도 있다. 사실 굳이 말하지 않아도 청중의 관심을 끌기엔 충분하다. 우리나라에서 장애아를 둔 엄마가 자신의 일을 갖는다는 건 흔한 일이 아니기 때문이다. 더구나 보수적인 교직 사회에서 자녀가 장애인이라는 사실을 당당히 말하는 건 더더욱 어렵다.

교사의 자녀라면 똑똑하고 얌전한 모범생이어야 한다는 기대가 있다. 교사가 마이크를 잡는다면 '자녀 서울대 보내는 법' 같은 제목의 강의를 기대하는 게 보편적이다.

처음 강의를 맡았을 때는 잠 못 이룰 만큼 떨렸다. 강의 의뢰를 받은 날부터 강의장에 들어가기 전까지, '장애인의 엄마'라는 사실을 밝힐지 말지를 수없이 고민했다. 괜한 선입견을 줄까 두려웠다. 혹시 내가 학교에서 소외된 학생들을 살피는 일이 단지 '장애아 엄마이기 때문에' 할 수 있는 것처럼 비칠까 봐, 감정에만 호소하는, 전문성 없는 강의로 보일까 봐, 혹은 자녀의 장애를 들먹이며 강의를 '팔아먹는다'는 오해를 받을까 봐 걱정했다.

그리고 그런 걱정은 현실이 되기도 했다.

"혹시 임신 중에 뭘 잘못 드신 건가요?"

"가족 중에 유전 질환이 있으세요?"

"어떻게 한 명도 아니고 둘이나 장애가 생길 수 있죠?"

이런 질문을 들은 날은 화가 나기도 했고, 강의의 어떤 부분이 부족했을까를 한참 생각하게 되었다.

그래도 좋은 날이 훨씬 많았다. 언제나 눈물을 흘리는 청중이 있었고, 수업뿐만 아니라 자신의 삶까지 바꾸었다는 교사도 꽤 많았다.

"장애가 있는 학생을 교실에서 아무것도 하지 않게 두는 게 배려라고 생각했어요. 선생님의 강의를 듣고 큰 깨달음을 얻었습니다."

이런 피드백을 받을 때면, 용기 내길 잘했다는 생각이

든다. 교사 한 명의 영향력은 수십, 수백 명의 삶을 바꿀 만큼 크다고 믿는다. 교사 한 사람이 학생뿐만 아니라 동료 교사를 바꾸고, 나아가 학교와 사회를 변화시킬 수도 있다고 믿는다. 그렇게 생각하면 언제나 가슴이 뛴다.

아이들이 학교에 다니고 있으니 현장의 문제가 더 가까이 보이고, 더 절실하게 다가온다. 엄마로만 살아가기에도 벅찬 날이 많지만, 그럼에도 불구하고 다시 걸음을 떼게 해주는 힘은 늘 아이들에게서 나온다. 나를 한없이 약하게도, 강하게도 만드는 우리 아이들 덕분에 나는 교사로서도, 강연자로서도 새로운 삶을 살고 있다.

오늘도 용기 내어 당당하게 외친다.

"나는 두 명의 발달장애인을 키우는 대한민국의 교사입니다."

에필로그

 이 책은 교사이자 부모로서 제가 경험하고 느낀 것을 되도록 솔직하게 담아내려 노력한 기록입니다. 하지만 글을 마무리하며 문득, 이 이야기가 결코 완성형이 아님을 고백하게 됩니다.
 저는 많은 것을 보고 듣고 겪었지만, 동시에 여전히 모르는 것도 많습니다. 제 경험이 다가가지 못한 수많은 교실이 있고, 제 생각이 미처 포착하지 못한 수많은 현실이 있습니다. 두 아이의 엄마로, 한 교실의 선생님으로 살아온 이 이야기는 분명 제한된 시야와 관점에서 출발했음을 인정합니다.
 어쩌면 이 책의 어떤 문장은 누군가에게는 동의할 수 없는 이야기일 수 있습니다. 누군가의 상처에 소금을 뿌릴 수도 있고, 이야기 이면에 제가 닿지 못한 또 다른 아픔이 있을지도 모릅니다. 그럼에도 불구하고 이 이야기를 세상에 꺼내 놓은 것은, 제 생각이 옳다는 믿음 때문이 아니라, 함께 논의하고 질문하고 다시 배워 가고 싶기 때문입니다.

통합 교육은 누군가의 선의만으로 실현되지 않습니다. 이상적인 가치만으로는 불충분합니다. 제도와 정책, 인식과 문화가 함께 바뀌어야 하며, 무엇보다 '함께 살아가는 것'을 삶의 원칙으로 삼는 사람들이 늘어나야 합니다. 그 과정은 느리고 불완전할 수 있지만, 저는 여전히 그것이 가능하다고 믿습니다.

앞으로 저는 더 많이 듣고, 더 넓게 보고, 더 깊이 배우고 싶습니다. 저의 이야기가 다른 이들의 이야기를 만날 수 있기를 바랍니다. 그리고 그 만남 속에서 더 나은 질문이, 더 열린 논의가 이어지기를 소망합니다.

우리는 모두 서로에게 배움이 될 수 있습니다. 이 책이 그 배움의 한 조각이었기를, 또 누군가의 마음에 조용히 스며든 잔잔한 균열이 되었기를 바라며, 이 여정을 마칩니다.

우리 아이들이 조금 더 편하게 숨 쉴 수 있는 세상을 꿈꾸며 또 한 걸음 용기 내는 어른이 되겠습니다.